FLASHES II

DU MÊME AUTEUR

Chez le même éditeur

FEMMES D'HIER ET D'AUJOURD'HUI.
COURTS MÉTRAGES I.
SPECTATEURS.
L'ANGOISSE ET LES ÉCRIVAINS.
DE L'ENNUI.
L'ACQUIESCEMENT.
COURTS MÉTRAGES II.
FLASHES.

Aux Éditions Universitaires

PAUL VALÉRY.
ANNA DE NOAILLES.
LÉON-PAUL FARGUE.
EN LISANT LES CAHIERS DE PAUL VALÉRY, 3 volumes.

Chez Gallimard

VUS D'UN AUTRE MONDE.
PLURALITÉ DE L'ÊTRE.
CHOIX DE POÈMES.

Chez d'autres éditeurs

FONCTION DE X (Kra).
LA FEMME ET SES DROITS (Flammarion).
LES MORALISTES DE L'INTELLIGENCE (Hermann et Cie).
UNE POÉSIE (Ed. Odilis).
LA VIE COMMODE AUX PEUPLES (Ed. du Sagittaire).
MENTON (Hachette).
IMAGES DE PAUL VALÉRY (Éd. F. Le Roux).
LA NATURE ET L'ESPRIT (Plon).

EDMÉE DE LA ROCHEFOUCAULD

FLASHES II

BERNARD GRASSET
PARIS

AVANT-PROPOS

Pourquoi la perception de ceci, de cela — une poupée, telle heure de l'après-midi, un grand paquebot dans un port, etc. — me procure-t-elle une sorte de douleur, une détresse absolue ? Pourquoi d'autres choses (mais suis-je en mesure de déterminer lesquelles ?) produisent-elles en moi un certain bonheur ?

Si, à chaque objet, à chaque décor s'attache un sentiment agréable ou pénible, n'est-ce pas en raison du rôle que dans notre passé cet objet, ce décor ont tenu ? Ainsi toute ma vie, les toits, les mansardes des maisons de Paris m'inciteront à la mélancolie. Parce que je ne voyais que le haut des immeubles de la rue où j'habitais chez mes parents quand je rêvais à ma fenêtre (elle-même mansardée), je considère encore les ardoises grises, les cheminées et leurs fumées avec des yeux tristes d'enfant solitaire.

De chaque être nous vient aussi agrément ou peine, sensations variables d'ailleurs avec le temps qui s'écoule. Hier, X. nous procurait quelque joie, mais aujourd'hui X. peut nous décevoir, selon son attitude, selon les circonstances.

Il serait donc vain de spécifier quel sentiment est attaché exactement à une personne, à un lieu, puisque, en l'espèce, rien n'est définitivement joué. Toutefois, découvrir ce qui, d'une manière générale, au début comme au cours de notre vie éveille en nous plaisir ou chagrin, nous permet de constater — n'est-ce pas la recherche profonde de l'écrivain? — sur quels points notre sensibilité diffère de celle des autres.

Nous pouvons également avoir une réaction à l'égard des événements, présents ou passés, des connaissances que nous venons d'acquérir, des tableaux vus dans les musées ou ailleurs, des pays étrangers et des paysages, que sais-je?...

Tout ce que nous percevons dans la vie ou les livres nous affecte, même si nous n'avons pas toujours le temps de prendre pleinement conscience de l'effet produit en nous.

Tous les jours, les mêmes problèmes nous hantent, nous réfléchissons sur certains sujets qui nous concernent particulièrement. Ainsi, l'écrivain songe à l'écriture et à la condition de ceux qui partagent son métier. D'autre part, les questions morales, les doutes, les espoirs, les spéculations touchant le destin de l'homme reviennent plus ou moins souvent en notre esprit, et l'histoire des humains, telle que nous pouvons la connaître, reste l'objet d'analyses constantes. Le temps s'écoulant — mais nous accordant un sursis — c'est la période ultime de l'existence qui reviendra dans nos cogitations...

Les notes diverses qu'on trouvera ici ont été groupées autour de ces quatre thèmes.

I

L'HISTOIRE

« Souvenez-vous, Monseigneur, que ce long enchaînement des causes particulières, qui font et défont les empires, dépend des ordres secrets de la Divine Providence. Dieu tient du plus haut des cieux les rênes de tous les royaumes ; il a tous les cœurs en sa main ; tantôt il retient les passions, tantôt il leur lâche la bride ; et par là il remue tout le genre humain. »

BOSSUET, *Discours sur l'histoire universelle écrit pour Monseigneur le Dauphin* (1681).

AIMER L'HISTOIRE

Marie s'intéressait à l'histoire comme son père qui parlait aussi bien des finances alarmantes de la France avant 1789 que de l'école dirigeante en notre temps. Elle s'interrogea sur divers faits historiques, cherchant lesquels lui étaient sympathiques, lesquels créaient une sorte d'horreur en son esprit. Mais peut-être les impressions que donnent les événements passés sont-elles plus nuancées ? Aimer l'histoire, est-ce une bonne question ?

En fait, Marie se plaisait à imaginer ce qu'il serait advenu si les plus illustres personnages ou les plus malheureux avaient pris d'autres dispositions dans les circonstances cruciales de leur vie. Ainsi Louis XVI, après la fuite à Varennes, aurait pu encore quitter Paris et, acceptant l'offre de L.R.L., monarchiste généreux, gagner par Dieppe l'Angleterre. La suite des événements en aurait été changée, la Révolution se serait peut-être bornée à des réformes utiles, la guerre des puissances étrangères n'aurait pas eu lieu, Bonaparte eût-il joué son rôle remarquable et désastreux ? etc. La méditation de l'histoire nous incite-t-elle surtout à regretter certains épisodes ? Voulons-nous donner des leçons aux personnages du passé ?

LA PROVIDENCE

Huit ans après que Bossuet eut composé son *Discours sur l'histoire univer-*

selle, célébrant le rôle de la Providence en ce monde, Racine écrivait la tragédie *Esther* (1689). Il y montre Elise interrogeant celle qui est devenue la reine des Perses, au côté d'Assuérus. La question qu'Élise pose :

> *Par quels secrets ressorts,*
> *par quel enchaînement*
> *Le ciel a-t-il conduit*
> *ce grand événement ?*

est tout à fait conforme à la croyance des Hébreux — peuple élu —, à savoir que rien n'arrive en ce monde sans l'ordre de Dieu, croyance encore enseignée aux chrétiens par les orateurs de la chaire, même au XIXe siècle.

La succession d'événements politiques, assez contradictoires, en 1813, 1814 et 1815, ne troublait pas cette conviction chez certains responsables. En 1813, Mgr Le Lors, archevêque de

Besançon, salue la régence de Marie-Louise : « Depuis vingt ans, Madame, il nous est impossible de ne pas voir la main de Dieu qui dirige la vie si glorieuse de notre immortel Napoléon. » Le 28 avril 1814, au comte d'Artois, lors du retour de Louis XVIII : « Nous ne doutions pas que ce ne soit un coup miraculeux de la Toute-Puissance de Dieu. » En mars 1815, à Napoléon débarqué de l'île d'Elbe : « Une main invisible a conduit Votre Majesté Impériale. Certes, un ange du Seigneur vous couvre de son immortelle égide. »

Le monde, s'étant effrayé de tout le mal fait ici-bas et de sa propre méchanceté, a réfléchi. Quelques raisonneurs ont été conduits à abandonner l'idée de la Providence dirigeante, quitte à sentir parfois que leur destin personnel ne dépend pas uniquement d'eux.

Voltaire, cependant, ne niait pas l'action de la Providence. « Je crois, écrit-il, en la Providence générale, ma chère sœur, celle dont est émanée de toute éternité la loi qui règle toute chose, mais je ne crois point qu'une providence particulière change l'économie du monde pour votre moineau ou votre chat. » *(Dictionnaire philosophique.)*

L'HOMME

« Incompréhensible que Dieu soit. Incompréhensible que Dieu ne soit pas », disait Pascal. Incompréhensible que l'homme soit. Cependant il existe.

Paul Valéry s'émerveillait du fait qu'un spermatozoïde contînt un homme et que celui-ci apparût dans le développement de celui-là. Mais il aurait dû parler de l'ovule aussi. Qu'est un spermatozoïde sans son mariage, son union avec un ovule ? Rien ou peu de chose.

CROISSEZ ET MULTIPLIEZ

Songez à toutes ces bouches humaines, ces nez qui ont respiré l'air, ces yeux qui depuis le commencement ont regardé le monde... Hallucinante vision de milliards de visages se tournant vers les choses et les êtres ou levés vers le ciel. Inlassable et féconde puissance de la matière vivante qui dure et, ce qui est plus extraordinaire, se multiplie, augmente en quantité, au long des siècles, pour peupler la terre et, au dire des sociologues, la surpeupler.

Nos ancêtres

Évidemment, les vingt-cinq os, vieux de trois millions d'années, trouvés en Éthiopie, attribués à une jeune femme mesurant un mètre vingt et que les découvreurs ont baptisée Lucy (chanson appréciée à l'époque), ne suscitent en nous que la curiosité. Il est difficile d'éprouver devant ce frêle assemblage quelque émotion autre que scientifique et cependant cette jeune créature a vécu, a aimé sans doute comme nous.

On parle beaucoup de la descendance humaine d'un cousin du singe, mais, en fait, les humains ont pour ancêtres des humains. Ceux-ci peuvent nous apparaître moins « civilisés » que nous. (Parce qu'ils ne possédaient pas d'éclairage électrique, peut-on affirmer que Montaigne ou les penseurs de la Grèce antique nous étaient inférieurs ?)

Ceux qui traçaient les remarquables dessins de chevaux et de rennes, sur les parois des grottes, il y a vingt-cinq mille ans, n'appartenaient-ils pas, eux aussi, à une civilisation certaine ?

SENTIMENTS

Le hasard mettant entre nos mains tel ou tel ouvrage d'histoire ancienne ou récente, nous rencontrons des personnages appartenant à des époques diverses et nous les considérons soudain comme des gens que nous pourrions fréquenter, dont nous serions en quelque sorte les contemporains. Nous éprouvons pour chacun d'eux des *sentiments*. Et quoique bien morts, César ou Robespierre éveillent notre affectivité.

MITHRIDATE VII (135-63 av. J.-C.)

Devons-nous ajouter à nos propres soucis les tracas et les problèmes des héros de l'histoire? Laissant un livre ouvert sur ses genoux, Marie rêve à Mithridate VII Eupator, roi du Pont, qui, irrité contre les proconsuls romains (lesquels pillaient la province d'Asie), se décide au massacre de 80 000 victimes parmi les Italiens et les Romains, véritables vêpres asiatiques. Ce terrible événement la trouble, mais en prenant connaissance du passé des hommes, ne cherchons-nous pas à en retrouver, à en revivre les drames, et que pourrions-nous connaître des périodes heureuses et des gens paisibles? Ceux-ci ont disparu à jamais dans une nuit totale.

Quant à Mithridate, roi savant — il parlait vingt-deux langues —, n'ayant pas réussi à s'empoisonner, lorsqu'il fut vieux et connut des revers, il se fit tuer par un soldat gaulois. Le mithridatisme — au moins nous a-t-il laissé le mot et la chose — est l'immunité à l'égard des substances toxiques, minérales ou organiques. Je ne sais s'il est encore pratiqué vraiment. Pourtant, on parle de gens *mithridatisés* dans l'ordre moral ou contre la douleur physique. Cet adjectif ne figure pas au dictionnaire.

CÉSAR, USIPÈTES ET SICAMBRES

Les historiens, érudits — par définition — et sévères par tempérament, condamnent César, auteur de « génocides » (comme on dit maintenant), mais le lecteur de ces biographies à la mode ignore tout des peuples usipètes et teuctères. Cependant, il se demande quel rapport ils avaient avec ses ancêtres qui vivaient en Gaule... Il songe : l'un de ses aïeux aurait-il pu aimer une Usipète, avoir quelque relation avec un Teuctère ? Où se trouvaient exactement ces populations il y a deux mille ans ? Le lecteur apprend que les Usipètes ou Usipiens habitaient dans l'ancienne Germanie, près du Rhin, entre les Chamaves au nord, les Marses à l'est et les Sicambres au sud-est. Le voilà heureux, il se raccroche à ces derniers. Un « fier Sicambre », c'était Clovis, un ami, en somme, au moins une connaissance. Ah ! bonheur de n'être plus perdu dans l'histoire des hommes et des temps lointains...

L'ÈRE CHRÉTIENNE

Les Romains — empereurs et patriciens — d'avant la venue du Christ avaient-ils l'impression ou la conviction qu'ils étaient marqués par leurs fautes ou leurs crimes et qu'ils devraient être « sauvés » ? Ceux qui vivaient sur les hauteurs du pouvoir et dans la richesse éprouvaient-ils parfois le sentiment qu'ils menaient une vie répréhensible, qu'ils étaient souvent cruels, abusaient de leur puissance, humiliaient les pauvres, gardaient certains individus dans l'esclavage ? Qui sait ? Peut-être au milieu des fêtes et des bacchanales connaissaient-ils quelque *taedium vitae* et le besoin d'une rédemption, le désir de changer la société ? Cependant, lorsque les chrétiens qui annonçaient un monde rénové sont apparus, Néron, Marc Aurèle, Dioclétien les ont persécutés à mort.

LOI DES FRANCS SALIENS

Je détestais cette trop fameuse *loi salique* qu'on m'opposait souvent quand je dépensais mon temps, mes forces et ma jeunesse à lutter pour obtenir les droits politiques des Françaises et maudissais l'interminable guerre qui avait opposé l'Angleterre à notre pays pour ce motif absurde.

La loi des Francs saliens (486 après J.-C.) empêchait les femmes d'hériter de la terre. Sous le nom de *loi salique* elle fut invoquée par les juristes de Philippe VI, premier roi Valois, pour écarter les femmes de l'exercice du pouvoir. Elle n'était pas reconnue par les Anglais qui permettaient aux princesses de régner. En conséquence (les derniers Capétiens étaient morts sans descendance mâle), ils soutinrent, remontant à Isabelle, fille de Philippe IV le Bel et épouse d'Édouard II, roi d'Angleterre, les prétentions de son fils Édouard III au trône de France. Il s'ensuivit une guerre qui dura de 1338 à 1453.

Cette loi a parfois sauvé des provinces françaises, la Bourgogne par exemple que François Ier a pu disputer à Charles Quint.

Le règne d'Élisabeth d'Angleterre et de Catherine de Russie n'a guère instruit les dirigeants français sur les capacités des femmes à s'occuper des affaires publiques. Fidèle à la loi salique, la France n'a pas connu de reines régnantes, mais les régentes ont été assez nombreuses — et souvent de grande valeur — telles Blanche de Castille ou Anne d'Autriche.

Contre le gouvernement légitime d'une Élisabeth ou d'une Catherine en pays étranger, il n'y avait rien à dire au Louvre ou à Versailles, et la signature de la pragmatique sanction en 1738 montre que Louis XV au moins n'était nullement hostile au pouvoir exercé par une femme, en l'espèce Marie-Thérèse. Il est vrai que cette princesse, qui devait s'illustrer par son talent à gouverner l'Autriche et sa popularité en Hongrie, avait épousé le duc François de Lorraine.

La France étant devenue de nouveau une république (1870) et les femmes ayant obtenu les droits politiques (1944), la loi salique disparut et avec elle un obstacle à la fusion de la France et de l'Angleterre (partage des ressources et de la citoyenneté) envisagée en juin 1940. Mais il y avait alors d'autres difficultés et les événements se précipitèrent. L'union des anciens adversaires de la guerre de Cent Ans, alors alliés contre le même ennemi nazi, ne se réalisa pas.

GOUVERNEMENT

Depuis Richelieu, on répète que les Français sont ingouvernables, mais — peut-être — sont-ils mal gouvernés ?

Sous quel roi, de quel régime se sont-ils montrés satisfaits ? Et d'ailleurs, s'agit-il de *tous* les Français ? Il faut constater que l'unanimité n'a jamais été obtenue pour un monarque ou une république. Henri IV, malgré la poule au pot, a été assassiné. Quant à la république, après deux essais peu durables, la troisième ne fut adoptée qu'à une voix de majorité...

Nous en sommes actuellement à la cinquième. Quatorze constitutions ont été votées de septembre 1791 à 1958. En moins de deux siècles.

X. est ainsi fait qu'il ne peut supporter sans agacement les critiques faites à son pays, même par un excellent Français. Y., au contraire, n'est heureux, semble-t-il, que lorsqu'il croit trouver un juste motif de les prodiguer.

On a toujours critiqué les gouvernants. Les récriminations ont donné lieu à des chansons : « Ce n'était pas la peine de changer de gouvernement... » Un gouvernement peut d'ailleurs être mal jugé par ceux qui en font partie ou simplement qui le soutiennent. La querelle du P.C. et du P.S. était-elle une nouveauté ? Les grands révolutionnaires ne se sont jamais entendus et leur destin fut généralement tragique. Ceci a pu s'observer d'ailleurs chez d'autres nations.

CHAMFORT

J'ignore qui, le premier, employa le mot « terroriste », en vogue aujourd'hui et pour cause, mais Chamfort, faiseur de maximes, fut ainsi qualifié au début de la Révolution française.

Chamfort écrivait avec justice et justesse : « N'est-il pas une merveille que la société subsiste avec la convention tacite d'exclure du partage de ses droits les dix-neuf vingtièmes de la société ? »
Les temps ont changé. La « convention *tacite* » a disparu et on ne parle plus au XXe siècle que des droits de l'homme.

Membre de l'Académie française, Chamfort vivait des jetons qu'il y touchait, mais il en parlait mal, citant Gresset :

> *Ayez-la, c'est d'abord*
> *ce que vous lui devez*
> *Et vous l'estimerez*
> *après si vous pouvez.*

L'Académie et ses jetons furent supprimés par la Révolution.

... ET TALLEYRAND

Talleyrand dans ses recommandations à Louis XVIII — après avoir rappelé que le pouvoir en France était restreint avant la Révolution par d'antiques institutions (magistrature, clergé, noblesse) et

constaté que « ces institutions sont dé-
truites » — affirmait « qu'il en faut retrouver d'autres, que l'opinion publique
ne les réprouvera pas : il faut même que
les — nouveaux — moyens de gouvernement soient tels qu'elle les indique ».

Chamfort avait dit que l'opinion publique pouvait être « la plus mauvaise
des opinions ».

NAPOLÉON

Chaque époque se complaît dans
l'évocation de certains épisodes exceptionnels de l'histoire. Il semble que la
nôtre doive sans cesse relire la vie de
Louis XIV ou celle de Napoléon. L'entourage de ces souverains (ministres et
favorites) est souvent aussi l'objet
d'études, de jugements plus ou moins
favorables [1].

1. Voir « Portraits de Louvois », p. 194.

Quand j'assurais qu'il y avait autant d'histoires de Napoléon et de Louis XIV que de générations écoulées depuis 1715 ou 1821, je ne croyais pas si bien dire : Georges Blond, dans son dernier ouvrage sur les Cent-Jours, nous informe que depuis sa mort, il a été publié dans le monde, sur Napoléon et sur son règne, plus d'un livre par vingt-quatre heures (soit 59 130) ! Est-ce possible ?

(Les livres consacrés au général de Gaulle seraient encore plus nombreux, battant tous les records.)

Histoire neuve. Temps court. Ne négligeons‘ aucune méthode pour appréhender le passé des hommes (plutôt que les hommes du passé ?).

Admirons combien il faut de science sophistiquée pour décrire l'homme primitif, retrouver ses croyances et retracer ses mœurs.

GUERRES CIVILES ET LUTTE DES CLASSES

Un membre du gouvernement fait appel à l'union des dirigeants et des travailleurs de l'entreprise. Quoi de plus naturel si l'on veut que marche une affaire, et si par surcroît ceci concerne la grande affaire « France » ? La concession n'est qu'épisodique. Depuis plus d'un siècle on ne jure que par la « lutte des classes » prônée par Karl Marx. Sans doute, cette lutte fut nécessaire en un siècle d'industriels soucieux trop exclusivement de profits.

Si ce n'est qu'en 1864 que le droit de grève fut accordé aux ouvriers, le droit syndical en 1884, la Confédération générale du travail fondée en 1895 n'a cessé d'affirmer son influence. (Le nombre de ses adhérents est pourtant en baisse depuis 1947.)

N'y a-t-il pas eu aussi une lutte des sexes, décelée par de grands écrivains, d'Alfred de Vigny à Frédéric Nietzsche et à Strindberg ? Le combat de la femme contre des lois exclusivement masculines a dû être mené pour atteindre la juste égalité sur les plans primordiaux (famille, carrière, société).

Revenons à la lutte des classes — qui paraît dans une certaine mesure périmée. Elle peut être considérée comme une sorte de guerre civile, venant après quelques antagonismes dans l'histoire de notre pays (guerre des Armagnacs et des Bourguignons, guerres de religion, révolutions successives).

Quand ces luttes internes prendront-elles fin ? Faudra-t-il toujours que les Français s'opposent lorsque le péril extérieur ne les rassemble plus ?

« La vérité de notre histoire, c'est que les Français ne s'aiment pas... La politique pour eux c'est envier et haïr le voisin... Tous les Français aiment la France, c'est vrai, mais jamais la même et leur passe-temps le plus aimé, tribale, religieuse ou sans raison, fut toujours la belle et bonne guerre civile. »

Ainsi s'exprimait en 1817 Aimée de Coigny qui avait échappé à la Révolution, mais l'avait vue de près.

Au profit de la collectivité ?

Fascisme, bolchevisme, deux totalitarismes, deux exercices du pouvoir qui s'affrontent et se ressemblent, usant des mêmes moyens pour tuer la liberté. Ceci se fait par suppression progressive de l'indépendance des individus au soi-disant profit de la collectivité. Mais qu'est-ce que la collectivité ? Qu'est-elle devenue dans les cas précités ? On le sait. Que deviendra-t-elle à l'extrême ? Un ensemble de numéros matricules fichant chaque personne. Plus exactement, chacun pourrait porter le même numéro tant ceux-ci sont interchangeables. Qu'est-ce qui distinguerait le 123 du 1247 ?

Le marxisme survit à la doctrine. Il conserve des fidèles comme certaines religions qui furent triomphantes dans le passé.

MATÉRIALISME

Étrange que, dans les pays matérialistes, la situation soit telle que les biens matériels manquent...

IDÉAL SOCIALISTE

Sommes-nous aujourd'hui d'accord pour aller vers une autre forme de gouvernement ?

Paul Valéry a noté dans ses *Cahiers (1918-1919)* : « L'idéal socialiste est un monde où personne ne pourra plus exiger l'effort de personne. »

RÉVOLUTION

Périodiquement, un grand mouvement d'idées se donne pour objectif de supprimer le mode de vie antérieur. Le christianisme a détruit les sociétés antiques grecques et romaines. Il garda cependant longtemps Aristote et, lors de la

Renaissance, ne s'éleva pas contre le retour du droit romain. La Révolution française voulut supprimer tout ce qui rappelait l'Ancien Régime. De même, l'action des soviets en Russie. (Fidélité au passé ou besoin des devises apportées par les visiteurs, les régimes marxistes restaurent maintenant les palais et les églises.)

Quand l'esprit révolutionnaire, toujours insatisfait, arrive à l'extrême, il tue les morts eux-mêmes. Tel le massacre des rois ensevelis et la destruction de leurs tombeaux à Saint-Denis sous la Convention.

La délation d'un citoyen par un autre revient à chaque époque de troubles politiques.

ROBESPIERRE ET ROUSSEAU

Robespierre, dans son culte de l'Être suprême, s'inspirait de *la Profession de foi du vicaire savoyard*, mais Jean-Jacques Rousseau devait écrire avant le 9 Thermidor : « Tout est perdu sans ressource quand une fois il faut avoir recours à la potence et à l'échafaud. » Que n'a-t-il publié à temps cette pensée ! Qu'il est regrettable que son admirateur Robespierre ne l'ait pas connue !

NIVELEURS

L'idée de répartir également les biens de la terre entre les hommes ne date pas d'aujourd'hui. Elle fut lancée déjà au temps de Cromwell en Angleterre par les *Niveleurs* — nom qui exprimait clairement leur désir et leur système...

Puis ce furent les richesses de l'esprit dont la juste répartition fut souhaitée : l'accès pour tous à l'instruction. D'accord, mais a-t-il jamais existé un « génie » étouffé, un inventeur bâillonné par la société ? (Si ce n'est, virtuellement, par la Convention, déclarant que la Révolution n'avait pas besoin de savants et exécutant froidement Lavoisier.)

Aujourd'hui, certains, après l'avoir suscitée, cherchent à mettre fin à la lutte des classes et affichent, pour atteindre ce nouvel objectif, une méthode surprenante et dangereuse. Ils veulent supprimer les individus supérieurs par la fortune ou l'intelligence. On nivelle dans les écoles les élèves, on fait la chasse aux surdoués. Quant aux possédants, on admet seulement ceux qui, gagnant de l'argent, étendent leur capacité à produire, à créer de nouvelles industries, donc de nouveaux emplois. Il est supposé que les enfants de ces gens-là n'en recueilleront pas d'avantages. Cependant, la génération qui suit celle des producteurs est souvent celle des mécènes, toujours bien utiles pour faire vivre les artistes ou enrichir les musées.

HAINE NIVELEUSE

« Dans les légistes conseillers de Philippe le Bel, il y avait contre les nobles, les hommes d'armes, les chevaliers, un fonds commun de malveillance, un levain de haine niveleuse. » (Michelet.)

Dans la *Déclaration des devoirs de l'homme*, publiée en annexe à la *Déclaration des droits de l'homme et du citoyen* (Constitution de l'an III, 22 août 1795), figure le texte suivant : « C'est sur le maintien des propriétés que reposent la culture des terres, toutes les productions, tout moyen de travail et tout l'ordre social » (article VIII). On remarquera que pour la fameuse trilogie « Liberté, égalité, fraternité », le dernier terme a été remplacé par *propriété* (article IX).

TABLE RASE

Au moment de la Commune, les incendiaires des Archives ont voulu faire table rase du passé (Jean Delay). C'est une tentation qui réapparaît périodiquement dans l'histoire, quoiqu'elle ne se manifeste pas toujours d'une manière aussi brûlante...

Ce comportement d'ailleurs n'a pas été le cas de notre seul pays.

D'aucuns se soucient des rapports entre les êtres suivant leur catégorie. Comment faut-il traiter les gens attachés au service de la maison *(domus)*, nommer *ses gens* ? Les réponses diffèrent à travers le temps. En l'an II de la République (Ire), on appelait un domestique un « associé ».

Depuis quelques années, on le qualifie d'*employé*, en l'assimilant aux personnes qui travaillent dans un bureau, un établissement de commerce. Ce terme semble plaire actuellement aux intéressés.

Aujourd'hui, les fils des seigneurs d'autrefois cherchent à travailler. Nul ne saurait demeurer oisif ou consacrer son temps aux cercles, aux courses, à la chasse. D'un autre côté, on cherche à donner aux travailleurs de toujours des loisirs et à les occuper agréablement, intelligemment.

POLITIQUE

*... Et monté sur le faîte,
il aspire à descendre.*

Est-ce un désir commun aux hommes ? Quitter les honneurs quand on a peiné pour les obtenir, fuir les responsabilités, être las de commander, de se livrer à la prospective, d'organiser la vie, de provoquer les événements ?

En fait, la plupart des gens souhaitent jouir de leur ascension réussie — il n'y en a pas tellement —, de leur succès et de leur gloire.

> *... Et montés sur le fait,*
> *aspirent à rester...*

Il y a des politiques qui « arrivent » par leur valeur, d'autres par leur habileté. Un certain mélange, de toute façon, est nécessaire.

DICTATURE

Le communisme athée, en supprimant l'autorité de Dieu sur les sociétés, a admis et renforcé l'autorité d'un seul homme ou d'un collège politique exerçant le gouvernement sur tout le peuple.

Qui criait : « Ni Dieu, ni maître » ? Le maître est resté plus oppressif que jamais.

PEUPLE PERSÉCUTÉ

L'antisémitisme — au sens où on l'entend aujourd'hui — ne semble pas avoir existé en France au XVIIe siècle. Nous avons remarqué que Racine en écrivant *Esther* (VIe siècle av. J.-C.) et *Athalie* donne aux Juifs le beau rôle.

Peuple persécuté, sans doute, mais représentant à l'époque — avant le christianisme évidemment — la vérité monothéiste triomphant par la protection divine.

Israël, mot hébreu signifiant *fort contre Dieu.* Surnom qui, d'après la Bible, fut donné à Jacob après sa lutte avec l'ange du Seigneur. Lutte qui n'a pas fini de nous intriguer.

Le royaume d'Israël dura 244 ans (952-718 av. J.-C.). Salmanazar, roi d'Assyrie, emmena le peuple hébreu sur les bords du Tigre après s'être emparé de Samarie.

Les Hébreux revinrent, mais Titus les chassa de nouveau de Judée en 70 après J.-C. Pendant 1 800 ans, ils répétèrent : « L'an prochain à Jérusalem ! » Ils y sont retournés grâce à Balfour depuis trente-six ans.

HITLER

Son antisémitisme le poussait, dit-on, à être antichrétien, le christianisme étant né au sein du judaïsme. De toute façon, Hitler semble avoir ignoré l'amour chrétien et préféré une religion d'origine germanique (les dieux wagnériens ?).

Le concept du surnaturel est *naturel* aux humains, comme il apparaît en prenant connaissance de leur histoire.

L'homme n'accepte pas que l'homme meure.

LES REVENANTS

Désir de ne pas abandonner définitivement ceux qui ont vécu avant nous. (Les Indiens d'Amérique, au dire de Chateaubriand, emportaient dans leurs déplacements les os — bénéfiques — de leurs ancêtres.) Lors des civilisations primitives, on croyait, tout en le craignant, au retour des morts. On se persuadait de l'existence des « revenants ». Cela dura assez longtemps. Macbeth tremble encore à la vue du spectre de Banquo.

Dans les temps modernes, nous nous plaisons à revoir, incarnés par des acteurs, les grands personnages de jadis (les rois, bien entendu — Shakespeare et Racine ont, en cela, suivi l'exemple des tragiques grecs).

Il suffit de mettre des vêtements
sompteux, à la mode d'autrefois, sur
des comédiens, de leur apprendre quelques répliques et voici que nous
contemplons les souverains splendides,
cruels ou magnanimes, des siècles après
leur disparition.

De même les types immortels. Nous
n'en avons pas fini avec Don Juan et
Faust.

« Hélas ! la France s'ennuie...

— Non, monsieur, c'est vous qui
vous ennuyez... »

Mais, au fait, pourquoi cet ennui ?

A l'époque où Lamartine prononça
cette phrase morose, la télévision n'existait pas. Ni l'avion. Ni le téléphone. Ni
même l'électricité. A peine les trains.

PASSIONS

Tous les contemporains assistent aux mêmes événements. Comme il serait intéressant d'examiner, de comparer le contenu de tous ces cerveaux, de ces mémoires d'hommes innombrables qui ont enregistré les mêmes faits, guerres, révolutions, progrès de la science, de la médecine (avec le scanner, la résonance magnétique nucléaire), naissances de nouvelles formes d'art (Picasso, César), d'œuvres littéraires, etc. Quelles différences dans toutes ces impressions, sensations qui devraient être identiques chez tous et chacun, et qui ne le sont pas... Ceci prouve que les événements sont regardés, subis, jugés avec passion. Et que chacun a la sienne.

LES BEAUX VÊTEMENTS

On songe aux empires conquis à cheval par ces guerriers portant chapeaux à plumes ou toques de fourrure, Bolivar qui affranchit l'Amérique du Sud, et plus anciennement Tamerlan, Gengis Khan, fondateurs des empires mongols. De beaux costumes masculins subsistaient encore au XIXe siècle. Plus tard, il ne restera que quelques habits désuets, uniformes chamarrés d'académiciens ou de diplomates...

Un observateur ignorant qui contemplerait les vêtements magnifiques des hommes portés il y a deux cents ans penserait en regardant ensuite les robes de satin brodé des femmes qu'il y avait égalité parfaite entre les uns et les autres.

Ceux qui voient ajourd'hui les sombres costumes masculins et les toilettes souvent colorées et somptueuses de leurs compagnes concluraient que cette distinction vestimentaire correspond à celle de leurs conditions respectives. Les hommes appartiendraient en quelque sorte à une classe subalterne, les femmes seraient des reines ! La réalité, on le sait, est tout autre. Au XVIIIe siècle, les mâles commandent, possèdent tous les droits. Excepté les souveraines, nulle femme n'est égale à un homme, ne possède grand droit, et elle manque parfois de liberté.

Au milieu du XXe siècle, les voilà cependant dans les pays civilisés chefs d'industrie, ministres, et même à la tête du gouvernement. En renonçant à leurs habits fleuris, croirait l'observateur naïf, les hommes ont renoncé à leur prestige et à leur pouvoir...

L'art

A la fin du XVIIIe siècle, on ne parlait que des « lumières » des « philosophes ». Il faut attendre le XIXe siècle pour voir célébrer les savants et surtout la *science*. Grandes époques, en vérité ! X. regrette cependant les siècles où triomphaient l'Art, la Beauté sous ses aspects divers, l'architecture des temples grecs et la sculpture de corps admirables, la peinture des merveilleux artistes de la Renaissance.

Tout ceci est-il inconciliable ? La science méprise aujourd'hui la philosophie qui fut souvent ingénieuse, et plus s'accomplissent les progrès de la connaissance, plus l'art tristement se transforme et s'éloigne de la reproduction harmonieuse des formes belles ou des visages expressifs pour combiner d'affreuses images, des œuvres horribles ou dépourvues de signification (devant lesquelles seuls quelques amateurs prennent un plaisir sophistiqué).

« Pour vous, cher X., la grande peinture serait un *chromo imparfait*, l'imperfection, l'éloignement du modèle, représentant la part volontaire de l'artiste et faisant l'originalité de son œuvre ? — Peut-être. N'en a-t-il pas toujours été ainsi à travers les siècles ? »

HISTOIRE ET ARCHIVES

L'homme imagine, réinvente sans relâche son passé. C'est un instinct, un besoin impérieux qui se constate depuis l'écriture (mais qui la précède). Ainsi, ne se contentant plus de l'explication de ses origines, fournie par les fondateurs de religions et les philosophes, il s'est mis à interroger la nature, à procéder à des recherches dans les terrrains profonds, en des pays plus ou moins accessibles, et ramassant quelques débris d'os de ses lointains ancêtres, a bâti des théories où est apparue une disgracieuse face simiesque. Ce n'était point assez.

Aujourd'hui, le paléontologue remonte au *Purgatorius*, singe-souris mesurant dix centimètres, premier primate trouvé dans le Montana où il vivait voici soixante-dix millions d'années...

En fait, tout ce qui est arrivé à l'humanité après que ses premiers représentants eurent fabriqué des outils, construit des instruments pour conforter leur existence, et cela sans cesse jusqu'à l'époque présente, tout ce qui a été *vécu* par des milliards d'individus au long de centaines de milliers d'années, nous intrigue et semble poser des interrogations perpétuelles, constamment diversifiées.

La curiosité particulière que nous inspirent ceux qu'on est convenu d'appeler les « grands hommes » n'est pas la moins aiguë.

Le plus bizarre dans cette dernière ambition est que nous espérons retrouver (alors qu'il semble impossible de connaître le plus simple de nos semblables et ceux que nous fréquentons chaque jour, à tout instant), en confrontant de vieux papiers, des archives jaunies, des mémoires qui se contredisent, l'âme de tel conquérant ou celle d'un artiste illustre, et même d'un saint.

Nous ne nous lassons pas d'essayer de *voir* ceux qui nous ont précédés.

II

MORALE

« Voulez-vous apprendre la morale ? — La morale ! — Oui. — Qu'est-ce qu'elle dit la morale ? — Elle traite de la félicité, enseigne aux hommes à modérer leurs passions, etc. — Non, laissons cela : je suis bilieux comme tous les diables, et il n'y a morale qui tienne ; je me veux mettre en colère tout mon soûl quand il m'en prend envie. »

MOLIÈRE,
le Bourgeois gentilhomme.

Les mots ont une sorte de personnalité et peuvent produire un effet agréable ou non sur notre sensibilité. Ainsi « amours, délices et orgues » nous ravissent. Qu'en est-il du mot « morale » ? Evidemment, pensait Marie, ce terme sévère ne nous semble pas absolument plaisant quand il s'agit de notre propre comportement, mais quand nous jugeons celui des autres, et pensons qu'Un tel n'a aucune morale ou moralité, une certaine satisfaction de ne pas mériter le même blâme qu'autrui ne nous est pas étrangère.

Faire la morale aux gens pourrait apparaître comme un rôle ingrat si l'éducateur n'éprouvait, en compensation, une certaine satisfaction prête à s'extérioriser.

Il faut distinguer entre l'écrivain qui donne des conseils de bonne conduite et celui qui se contente d'observer les mœurs en les condamnant.

TOUT EST PERMIS

On a, semble-t-il, mal compris le sens d'une déclaration de Paul Valéry : « S'il y avait un Dieu, je ne vivrais que pour lui. » N'était-ce pourtant, plutôt qu'une négation, un appel vers l'absolu, un désir — insatisfait — de Dieu ?

François Mauriac fait dire explicitement à une de ses héroïnes, Fanny Barett, dont s'éloigne une de ses amies croyante : « Je la hais votre religion qui nous sépare !... s'il existait, je haïrais Celui qui nous sépare. » (*Le Mal.*)

Il y a donc ici de la haine. Chez Paul Valéry, au contraire, de l'amour, une soif d'aimer.

Karamazov, dans le roman de Dostoïevski, s'écrie : « Si Dieu n'existe pas, tout est permis ! »

Tout est permis ? A condition que personne sur la terre — quelque dictateur ou tyran — ne nous impose sa manière de voir et de nous comporter.

L'idéologue nous dit sans cesse que l'humanité va faire des progrès. Mais elle retombe toujours dans ses crimes collectifs ou individuels.

MORALES

Depuis que les hommes pensent, il y a eu des faiseurs de morales. Grecs et Romains nous ont proposé le stoïcisme avec Zénon de Citium, Epictète et Marc Aurèle, Kant a imaginé l'impératif catégorique, Guyau la morale sans obligation ni sanction, Nietzsche a exalté la volonté de puissance, etc. Plus récemment, Marcel Proust définissait ainsi la morale de l'écrivain dont il contait l'histoire : « Le bien était ce qui favorisait son inspiration, le mal ce qui la paralysait. » Enfin, l'année 1968 a vu fleurir sur les

murs le slogan d'une jeunesse efferves-
cente : « En mai, fais ce qu'il te plaît. »

Faut-il admettre comme d'aucuns le
prétendent que le mot « morale » n'a
plus aujourd'hui beaucoup de signification ?

Un jour, verrons-nous revenir la dis-
cipline et le souci de contrôler ses
passions, qui semble avoir retenu si for-
tement l'attention des écrivains du XVIIᵉ
siècle ?

On parle actuellement d'une contre-
révolution sexuelle en Amérique et
d'une *new chastity*, résultat parfois
d'une vie harassante de travail *(worka-
holic*[1]*)* menée par chaque partenaire du
couple.

---

1. Alcoolique du travail.

La voix des morts

Vous hésitez avant de prendre une décision. Relisez ce qu'écrivait Pascal après la mort de son père : « J'ai appris d'un saint homme dans notre affliction qu'une des plus solides et plus utiles charités est de faire les choses qu'ils nous ordonneraient s'ils étaient encore au monde. »

Lois

Selon les livres saints, l'origine des lois est divine, mais les hommes qui les ont, dès le début, adoptées en ont bientôt fait à leur tour. A voir la fureur de légiférer qui a saisi les parlements, on voit combien ce tour d'esprit s'est affirmé chez eux. Il a tourné, peut-être, à la manie.

Si, en période de décadence, les lois morales s'affaiblissent jusqu'à disparaître partiellement, les lois civiles se multiplient.

Pourquoi s'étonner du goût des hommes d'État, dès leur accession au pouvoir, de faire adopter une série de lois plus ou moins rapidement conçues ? Ce qui reste en définitive de l'histoire des politiques célèbres, c'est leurs *actes légaux*.

On a critiqué en leur temps et plus tard (voir Saint-Simon) les rois d'avoir légitimé leurs bâtards. Aujourd'hui, les enfants adultérins — dits naturels — héritent des biens de leurs parents au même titre que ceux nés dans le mariage.

Morale de la nature

Le savant anglais Fred Hoyle qui a publié un ouvrage intitulé *Intelligent universe* voit dans l'Univers une Intelligence supérieure qui l'a créé et l'anime.

Si l'on ne peut nier dans la nature la présence d'un incomparable Esprit, y trouvons-nous aussi une morale, un art et un impératif concernant le comportement des êtres ? Sans doute. Sa réalité existe, elle saute aux yeux. « Tout excès détruit l'équilibre des êtres, déclenche le désordre. » Trop boire, trop manger, trop d'efforts physiques, la suppression du sommeil, sans énumérer les débauches de toutes sortes, charnelles ou autres, les vices — appelés contre nature — des êtres humains, etc., sont des fautes puisque tout ceci détruit l'équilibre voulu précisément par la Nature qui a ses lois comme les sociétés organisées depuis des milliers d'années par les législateurs ou les chefs d'État. L'équilibre, telle serait donc la morale de la Nature ?

Pourquoi la souffrance, se sont demandé les hommes au long des siècles, dans un monde créé par un Esprit généreux ayant doté les êtres de tant de dons, de plaisirs et notamment de la joie de vivre ?

On peut imaginer que la souffrance sanctionne une rupture d'équilibre et, citant pour exemple le cancer (prolifération absurde de cellules), admettre que les désordres de la santé et les maux qui nous frappent proviennent d'un déséquilibre plus ou moins volontaire dont nous sommes victimes.

Comme la nature a des saisons opposées, variées, l'une succédant à l'autre

— l'hiver est triste, l'été joyeux —, notre âme est bâtie sur ce rythme naturel,
nécessaire. Il lui faut des fêtes, il lui faut
quelque pénitence. Nous sommes cycli-
ques nous aussi et il semble qu'il n'en
puisse être autrement.

DOULEUR CORPORELLE ET CULPABILITÉ

Quand il subit, à l'aurore des temps,
la souffrance physique — par un accident brusquement survenu ou la dété-
rioration d'un de ses organes —,
l'homme crut à un châtiment s'abattant
sur lui, à quelque punition méritée par
l'un de ses actes irréfléchis ou mauvais.
Toute douleur suggère l'idée d'une faute
commise et la responsabilité de celui qui
la commet. L'homme souffrant s'est
donc senti pécheur, transgressant des
lois peut-être inconnues. Puis il a
conservé même bien portant ce senti-

ment, avec le besoin d'un pardon pour échapper à la sanction éventuelle d'une action mauvaise. Qui peut lui accorder cette absolution ? Généralement un homme de Dieu, un prêtre ou, au plus bas degré, un sorcier dans une société primitive. Alors, pour un temps, son angoisse s'apaise, il est rassuré.

Serait-ce initialement de la douleur — corporelle — que viendrait cet inconfort moral, cette impression de culpabilité qui, au reste, ne nous quitte guère pendant toute notre existence ?

Que d'êtres vivent avec le complexe de la culpabilité ! Celle-ci est parfois totalement injustifiée. Ainsi Vincent Van Gogh, le peintre des blés, se sentait responsable de la mort d'un frère venu au monde et disparu avant même sa propre naissance.

RUSES

Considérons toutes ces petites ruses
que nous employons à l'égard de nous-
même pour nous débarrasser d'un désir
charnel, de la paresse, de la gourman-
dise, pour demeurer intelligent, pur, vivant.

Nous évoquons tour à tour les bien-
faits d'une promenade, la crainte d'un
déséquilibre moral, nous ouvrons un livre. Finalement, prendre un papier et
un crayon reste le meilleur antidote.

SOUFFRIR

Souffrir. Oui, c'est parfois épouvanta-
ble et l'on crie grâce. Mais pourquoi

prendre plaisir à faire subir à autrui toutes sortes de douleurs et de tourments sous différents prétextes, dont guerres et révolutions ne sont pas les moindres ?

Pour ne pas souffrir, se regarder souffrir.

Il y a des gens qui se plaisent à faire souffrir autrui et d'autres qui y répugnent. C'est une question de sensibilité. Les uns craignent la souffrance et, s'identifiant aux victimes, souffrent, tandis que les bourreaux, peut-être, sont des masochistes. Ils aiment la souffrance et toujours, par ce processus d'identification aux victimes, ils jouissent de celle qu'ils infligent.

CONFESSION

L'autocritique que les communistes imposent à leurs membres coupables de non-conformisme est une parodie de la confession catholique. Il faut avouer des crimes que l'accusé ne savait pas avoir commis et subir, de toute façon, un châtiment.

Une autre imitation a été inventée par la psychanalyse. Le patient, on le sait, doit s'efforcer de découvrir tout son passé au médecin qui soudain saisira le fait — parfois minime — cause de dépression, d'angoisse.

Tous les hommes ont-ils besoin d'aveu, de contrition ? En tout cas, en fait de religion, nul aveu n'est réclamé par le pasteur protestant ou l'iman musulman...

S'il faut garder toujours l'esprit critique à l'égard de soi-même, est-il permis néanmoins de s'apprécier justement ?

On nous oblige, en vue du pardon, à avouer nos fautes... Quelle étonnante confession serait celle de nos triomphes sur les tentations, de nos actions généreuses, de nos progrès dans le détachement des choses d'ici-bas et des êtres qui nous sont chers... Il semble que cette idée ait été mise en pratique jadis. Certains graveurs d'incunables éditaient des *memento mori*. Le mort arborait un parchemin sur lequel était inscrite la somme de ses actions bonnes et mauvaises.

En politique, les responsables se glorifient généralement de présenter un bilan positif.

LA PEINE DE MORT

Le châtiment du crime est le remords. C'est un châtiment intérieur. Quant à la société, elle a bien fait d'abolir la peine de mort. Ce qui importe cependant, c'est d'empêcher le criminel de récidiver. D'où la prison. En quinze ans de réclusion, le coupable se sera-t-il amendé ? C'est possible. Mais qu'on lui en donne les moyens. S'il reste en contact avec d'autres truands, la rédemption paraît une gageure. Une politique plus efficace de sauvetage moral est nécessaire. Elle commença au milieu du XIXe siècle lorsque Elizabeth Fry, quaker anglaise, songea à donner du travail (utile) aux détenus. La France lui avait confié une mission d'inspection quasi officielle.

(Les victimes ou leur famille doivent être, bien entendu, indemnisées.)

Misérables

Curieux que le mot *misérables* signifie à la fois *pauvres* et *criminels*.

Aux mendiants : « Vous n'avez pas honte de ne pas travailler ? — Mais où trouver un emploi ? » (Il y a trente millions de chômeurs dans le monde occidental en mai 1984.)

Le plus vieux métier du monde

Le plus vieux métier du monde... Croyez-vous ? Les sociétés primitives semblent avoir eu des règles très strictes concernant la limitation des libertés chez les femmes, la condamnation de l'adultère, etc.

Il est vrai que dans certaines tribus du Nord américain, on voit les hommes offrir leurs épouses aux étrangers de passage comme signe de bonne hospitalité, mais ce n'est pas de la prostitution (don de son corps contre de l'argent). Ce très vieux métier n'est donc peut-être pas si vieux que l'on dit dans l'histoire du monde.

Religion

L'ensemble des humains peut se diviser en fanatiques et en esprits tolérants. Ces derniers comprennent aussi bien ceux qui acceptent toute croyance que ceux qui ne croient à rien.

Bien des gens aimeraient la « religion » s'ils pouvaient supprimer la rigueur de sa morale. Le côté affectif leur plaît infiniment, mais non les commandements faits aux croyants.

On demandait à E.G. : « Quelles sont vos convictions métaphysiques ? — Je suis catholique, dit-il, c'est tellement plus commode. »

Si la religion n'avait pas de mystères, ce serait une philosophie, simplement, ou une morale.

Marie songeait : La religion est aussi l'antichambre de la mort. C'est pourquoi elle paraît inconfortable à la jeunesse, douce aux vieillards.

LE COSMOS

Comment, avec mon cerveau humain de 1984, encore associé à deux restes de cerveaux primitifs, puis-je comprendre le cosmos ? Point vivant sur notre planète, je n'y vois pas normalement au-delà de cent mètres, et la terre ronde a quarante millions de mètres de tour.

Cependant j'aspire à *connaître*, à trouver l'explication de l'univers incommensurable et de ses milliards d'étoiles...

La vie existe-t-elle sur d'autres planètes, comme l'affirme le professeur Chauvin ? Souhaitons-nous qu'il en soit ainsi, que d'autres êtres respirent, agissent en des mondes plus ou moins lointains avec un aspect, des formes, des structures, des manières de se comporter analogues aux nôtres, ou craignonsnous, repoussons-nous avec une certaine angoisse cette possibilité ?

Nous nous ajoutons des télescopes, des satellites, des engins appareillés qui vont à la rencontre de Vénus ou de Mars. Tout cela et d'autres instruments et rayons nous permettront-ils un jour l'exploration des « royaumes » qui inquiétaient Pascal ?

Un savant explique à la télévision que le cerveau, après la mort, garde pendant quelques secondes sa vitalité et peut, si on le gèle, reprendre plus tard ses fonctions. Le traitement coûte au départ trente millions. Un capital de soixante-dix millions assurerait les revenus nécessaires à la suite de l'opération pendant n années. Ce monsieur est prêt à tenter l'expérience.

Mais quel intérêt présente-t-elle ?

A quoi bon se réveiller, dit X., dans un siècle sur une planète où régnera peut-être une insupportable uniformité entre les individus et dans la vie qu'ils mèneront ?

IMITER

Quand nous apprenons les symptômes d'une maladie, on sait que nous avons tendance à les retrouver ou à les chercher avec inquiétude en notre corps. Quand nous découvrons quelque méthode pour guérir telle ou telle infection, ne sommes-nous pas prêts à ingurgiter du riz brun ou des algues ?
Naturellement, cette disposition à imiter les autres ne s'arrête pas là. Elle commence dès l'enfance. L'éducateur

ou les parents, la nourrice, font constamment appel à elle. L'enfant tout petit doit apprendre à copier les gestes, à répéter les paroles qu'on lui enseigne. On peut dire que l'éducation entière est à base d'imitation, même si a été abandonné en classe le système ancien qui consistait non pas seulement à « copier » des lignes (en punition), mais, pour que l'élève s'en inspire, à analyser le style des auteurs, les beautés, les tours de force ou les finesses.

Toute notre vie, nous continuons volontairement ou non à « singer » X. ou Y. et, d'une manière générale, à imiter ceux qui nous ont précédés, avant de servir nous-mêmes de modèle (?) à nos descendants. Jadis, le souci de suivre la trace des ancêtres, ou plus simplement d'un père ou d'un grand-père, était constant et inculqué aux fils, petits-fils, etc. Ainsi notre existence se passerait à refaire ce que d'autres ont accompli avant nous, de la naissance jusqu'aux dernières heures... et jusqu'à la mort ?

Indéfiniment, l'homme recommence l'homme et jusqu'à la fin des temps il en aurait été de même si quelques individus révoltés ou doués d'imagination, de génie, n'avaient changé le cours des choses et excité tout un chacun à sortir de l'ordinaire, fuyant la répétition d'un type consacré qui bénéficiait de l'approbation générale.

... LES GRANDS HOMMES

Imiterez-vous Voltaire ou Valéry ? Tout écrivain célèbre a ses disciples. Les âmes pures n'échappent pas elles-mêmes à ce désir d'imitation : saint François d'Assise fait école de vertu, donne son enseignement et pas seulement aux moines franciscains. Le Christ est sans doute incomparable. Mais qui n'a pas été séduit par ce merveilleux ouvrage : *l'Imitation de Jésus-Christ ?*

Etrange disposition des humains à copier le comportement d'autres êtres très différents parfois de ce qu'ils sont, et généralement très supérieurs.

Le drame, c'est que l'homme découragé finit par s'imiter simplement lui-même. Jour après jour.

L'ÉCHEC

La réaction de chacun devant l'échec est diverse. Celui-ci a l'habitude d'échouer et connaît d'avance son comportement. Encore un poste qui lui échappe ! Il se résignera et n'ignore pas son acceptation devant sa mauvaise chance habituelle. Celui-là, au contraire, vole de succès en succès. Tout lui est facile. Un jour cependant, l'obstacle n'est pas franchi, comme le mur trop haut décourage le cheval et lui fait rater sa performance. Le brillant cavalier s'étonne de n'être plus si brillant, ou d'avoir trouvé plus brillant que lui. L'échec est, pour ceux qui réussissent généralement, un drame si pénible que parfois ils ne s'en remettent pas. En revanche, le maladroit ou malheureux à qui la fortune soudain sourit en reste éberlué et voudrait, semble-t-il, en demander pardon à tout le monde.

RÉUSSIR

Ivresse de monter les échelons de la société que nous donne le récit de la vie de Verdi ou de tel autre artiste, parti d'un foyer déshérité pour atteindre, par étapes, la gloire. Une aventure qui arrive également à tel savant ou homme politique.

Qui ne se réjouit d'apprendre comment peu à peu le succès a été obtenu jadis par un autre. La carrière des grands hommes nous offre un amusement prodigieux, un stimulant.

Que de femmes ont évoqué la prophétie faite à la jeune Joséphine par une gitane de la Martinique : « Tu seras plus que reine. »

Que d'hommes rêvent à l'entêtement de Pasteur, croyant en ses découvertes et sauvant finalement un enfant de la rage ? Mais combien naïvement envisagent un destin prodigieux sans en avoir les moyens et sans connaître l'ineffable sourire de la fortune ?

Pourquoi pas moi ? se demandent X. ou Y. Pourquoi, en dépit d'une certaine intelligence, ne suis-je pas le premier de ma classe, pourquoi ne suis-je pas le plus célèbre écrivain de mon temps ou une étoile de cinéma ?

Ils sont nombreux ceux qui, comme X., ne sont pas devenus Belmondo ou ne se réveillent pas président de la République.

Par définition, tout candidat (à quoi que ce soit) est personnage ridicule.

ADMIRER LES HEUREUX DE CE MONDE

La plus grande partie des gens doit se contenter d'assister au spectacle donné par quelques acteurs exceptionnels : chefs d'État, glorieux artistes, qui brillent en leur temps.

On est tenté, en considérant un enfant (le sien parfois), de se demander : « Sera-t-il personnage ou spectateur ? » Un spectateur ne se sent pas forcément défavorisé. Il y a des hommes ou des femmes qui se contentent de regarder les autres plus heureux. Ce plaisir leur semble assez vif. Ainsi, quand les invités à la cour de Buckingham se rendaient au palais, la foule massée sur le passage des voitures criait : « A light ! a light ! » (lumière, éclairez !) et applaudissait les dames endiamantées et leurs compagnons en habit ou en uniforme rutilant de décorations.

DISSIMULATION

On ne se lasse pas d'écrire l'histoire — extérieure — des hommes : guerres, œuvres d'art, beaux palais construits, mariages éblouissants ou tristes — avec des beautés ou des folles. Mais on n'a guère écrit l'histoire de l'homme intérieur, de son étonnante puissance de dissimulation à l'égard des autres depuis l'origine des tribus ou des sociétés. L'histoire de notre conscience n'a pas été étudiée, recensée comme celle des individus dans leur apparence à autrui. Elle reste à faire. Seuls quelques romanciers ou penseurs et moralistes l'ont tentée (je ne parle pas des psychanalystes avec leurs points de vue quelque peu systématiques).

En fait, nous vivons avec des inconnus et nous leur cachons aussi tout le long de l'existence notre âme profonde, nos antipathies, nos angoisses.

AGIR

Agir, agir, telle semble la maxime de chaque individu *normal*. Le sage, seul, médite et ne se commet pas dans l'action. Les autres disent : « Je n'ai *rien fait* de mon existence, de ces heures qui ont passé, de ces minutes qui passent encore. »

VIVRE A PART

Il y a un plaisir — pour certains êtres — à rester à la maison quand les autres vont s'amuser. Peut-être une sorte d'éloignement par rapport à ceux qui ont besoin de divertissement alors que l'on se prive soi-même de ce triste (?) recours. Demeurer à l'écart du bruit, des jeux, peut sembler une situation d'un caractère supérieur. Il y a du mépris dans le fait de s'isoler du commerce des mortels et de leurs plaisirs. Bref, de la joie à être misanthrope, à se sentir *puni*.

APAISEMENT

Nous n'avons pas reçu que l'imagination — qui peut nous tourmenter par ses fantasmes — mais aussi la raison qui remet les choses au point, ce qui ne suffit pas malheureusement à nous apaiser tout à fait.

D'où vient l'expression : *être dans tous ses états* ? Cela signifie-t-il que l'individu concerné connaît à la fois la peur, le désespoir, une excitation impuissante, insupportable ?

COMPORTEMENT

J'ai connu un charmant ami — peu généreux ou peu fortuné — qui rendait ses « politesses » en vous offrant les programmes des concerts qu'il avait entendus et appréciés. Devait-on l'en estimer moins que les brillants causeurs qui paient leur écot en joyeuses médisances ?

Faut-il ne fréquenter que les gens qui pensent comme nous ? Il fut un temps où c'était la règle sociale. Temps révolu. Aujourd'hui, qui réussirait à accomplir ce tour de force (ou de faiblesse), qui le désirerait ?

Indiscrétion

On demande à M. : « Alors, l'amour ? » M. répond poliment « Oui, j'ai eu cette maladie. »

R. n'avait jamais eu la curiosité des autres. Il s'étonnait que ceux-ci fussent curieux de lui. Et indiscrets.

Z. s'exclame : « Ah, ces Un tel ! voilà de vrais amis ! » Il y a donc de faux amis ? Non. Simplement des amis. Tout le monde comprendra.

Si je n'étais pas supérieur aux autres, on ne m'attaquerait pas. Si je n'étais pas supérieur, je répondrais aux attaques et ne les mépriserais pas.

Nous pensons beaucoup plus de mal de nous-mêmes que nul n'en pensera jamais.

PARDON

Nous pouvons pratiquer le pardon des offenses, il n'en est pas moins vrai que certaines offenses nous ont brisé le cœur.

ACTE GRATUIT

L'acte gratuit pour quelques écoles philosophico-littéraires consiste à commettre, sans raison, un meurtre. Je préférerais ce qualificatif pour un don charitable aux défavorisés du sort.

Il y a toujours quelque plaisir — amer — à constater combien les gens sont méchants.

« Attends : le cadavre de ton ennemi passera devant ta porte (proverbe yougoslave). — Ah ! — Le tien aussi passera devant le seuil de la maison de tes ennemis. »

Deux visages

« L'ami dont vous faisiez grand cas, voyez ce qu'a révélé la publication de ses correspondances, l'homme qu'il était en fait... — Pardon, celui que j'ai connu antérieurement était différent de celui qui apparaît dans ses lettres à P. et qu'il est devenu (partiellement). »

Nous ne sommes pas à soixante-cinq ans ce que nous étions à dix-huit ans ou à quarante et, d'ailleurs, chacun montre aux autres — nombreux — un visage particulier, différent. Devant nos parents, sommes-nous semblables à ce que nous sommes en présence de nos enfants, de nos amis ? Et parmi ceux-ci, n'en est-il pas de choisis, à qui nous croyons pouvoir révéler certaines tendances de notre nature, ou pour lesquels nous jouons sincèrement un personnage idéal ?

Le prochain n'a pas qu'un visage et nous non plus.

Ce vieil homme à la bouche édentée qu'on voit sur l'écran a donc vraiment bouleversé les jeunes étudiants, les a entraînés à sa suite ? Sa renommée a franchi les océans ? Qu'en reste-t-il aujourd'hui que ses « amis » menacent la sécurité du monde, la liberté, toutes les libertés ?

Plus ou moins pertinemment, X. ou Y., incertains de leur propre jugement, demandent à l'occasion de n'importe quel événement : « En apprenant cela, qu'avez-vous éprouvé ? »

Il n'est pas toujours facile de répondre. Certainement, nous avons senti, éprouvé quelque chose, mais le dire à notre questionneur ne nous semble pas nécessaire.

LE MAL QU'ON DIT

« Savez-vous qu'Un tel dit du mal de vous ? — Mon Dieu, que peut-il dire ? » (Aussitôt vous songez à quelques événements de votre vie qui pourraient être mal interprétés, certains remontent loin d'ailleurs). « Oui, c'est assez désagréable, reprend votre interlocuteur. —

Vraiment ? De quoi s'agit-il ? — Je ne sais si je dois vous répondre. — Mais si, courage, allez-y. » L'autre se décide : « Il dit ceci et cela. — Comment ? Mais c'est inexact ! » Vous voilà rassuré, surpris cependant, dégoûté par la méchanceté et la bêtise d'autrui. Après tout, ceci n'était que vétilles.

SAGESSE DE ROI

Louis XIV, « après les sottises qu'on a dites » sur la Princesse Palatine, épouse de Monsieur, son frère, adjure celle-ci : « ... ce que je vous recommande, c'est de ne faire guère d'éclaircissement, car cela ne sert que d'aigrir les esprits. » *(Lettre de la Princesse Palatine à la Duchesse de Hanovre, 1682.)*

LES MAINS AU VISAGE

On voit, pendant des spectacles ou des conférences, nombre d'auditeurs porter les mains à leur visage, c'est un geste fréquent que l'entourage n'apprécie pas. Tantôt, il s'agit de soutenir sa tête (est-elle si pesante ?), de placer ses doigts autour du menton, tantôt, de mettre l'index sur sa joue ou sur son front. Il est aisé de remarquer, dans une assemblée qui écoute un orateur, combien de personnes ont besoin de faire des gestes de ce genre. Ecoute-t-on mieux, ainsi, stabilisant son visage dans une certaine pose ?

Peut-être cela correspond-il à une manière de s'isoler pour mieux percevoir ce qui est dit ? Ces attouchements, ces positions de mains, s'ils procurent quelque bien-être, sont déplaisants à considérer, car tous n'évoquent pas la beauté de *la Mélancolie* de Dürer qui se concentre main sur la joue, coude au genou dans la méditation de la mort.

Les gestes faits normalement en parlant s'amplifient, s'affirment lorsqu'on s'adresse à un public. Ils soulignent notre propos et deviennent rituels en quelque sorte chez les orateurs de la chaire ou du barreau, dont l'éloquence s'accompagne de grands mouvements de bras, convaincants.

DISCONTINUITÉ

Les magazines hebdomadaires représentent assez bien avec leurs 160 pages et les sujets divers qui y sont traités (politique, littérature, restaurants, etc.) la suite hétéroclite de nos occupations

dans une seule journée. Notre esprit
saute de l'une à l'autre sans véritable effort.

LES PARENTS

Il n'est pas de bon goût de mal parler
de ses parents, et encore moins d'en
écrire péjorativement. Cependant, des
auteurs ont obtenu la notoriété, si ce
n'est une certaine gloire, en publiant
des descriptions de leurs longs jours
d'enfance et en faisant le portrait d'une
mère cruelle, d'un père indifférent, ab-
sent.

Vers quel âge commençons-nous à
nous interroger sur la vie de nos parents, à essayer de les connaître vraiment tels qu'ils sont, ou tels qu'ils furent, comme nous cherchons à connaître nos amis, ou simplement les personnes que nous rencontrons ?

Plus longtemps nous gardons une image idéale de nos ascendants directs, immédiats, et plus nous demeurons confiants, rassurés, apaisés, pareils à ce que nous étions dans notre petite enfance.

Il arrive que la curiosité à l'égard de nos géniteurs n'éclate que très tardivement. A l'occasion parfois d'un acte que nous avons accompli, d'un désir que nous observons en nous-mêmes ? Tel attachement, telle manière de réagir, qui sont les nôtres, se sont-ils produits dans leur existence ? Est-ce que ma mère était sensible, est-ce que mon père s'intéressait à la destinée humaine de la même façon que moi ? Etant déjà très avancée dans mon âge, je me suis posé ces questions.

On peut faire une réflexion analogue en ce qui concerne la découverte de ses enfants. Eduqués, aidés, observés par les parents, ils apparaissent chaque année évolués, différents : on ne se lasse pas d'apprendre à les connaître. Y arrive-t-on jamais ?

Ainsi sommes-nous enfermés entre le mystère de la génération qui nous précède et celui de la génération qui nous suit.

Des esprits généreux se sont élevés à juste titre contre les colons *propriétaires* d'esclaves. Mais les parents ne se considèrent-ils pas propriétaires de leurs propres enfants ?

LA COMMUNICATION

On pourra discuter si l'origine de la *lutte des classes* se trouve chez Karl Marx (Karl Marx aurait emprunté cette expression à François Guizot), ou si elle a toujours existé, ou si elle existe encore... Ce qui est certain, c'est qu'il y a des catégories sociales différentes et qu'il sera toujours difficile à un représentant d'une de ces catégories de comprendre totalement une autre catégorie. Le ton d'un aristocrate, comme Saint-Simon, parlant des nobles, ne peut-être le même que celui d'un observateur qui les considère de l'extérieur. Chacun convient que peindre exactement les paysans, le monde ouvrier, se révèle une entreprise laborieuse, presque impossible pour l'écrivain issu d'un milieu différent. Continuant sur cette lancée, on se demandera si quelqu'un est capable de connaître un homme appartenant à sa caste, à sa profession ? Un poète, par exemple, se montre-t-il susceptible d'analyser le tempérament, l'esprit, l'angoisse d'un autre poète ?

Après tout, y a-t-il un véritable intérêt à s'acharner dans cette entreprise ? Pourquoi vouloir décrire, sonder, expliquer X. ou Y. (je ne parle pas des personnages de roman ou de théâtre, mais des individus vivants, certainement plus complexes que les héros de Balzac et même de Proust). En quoi semble-t-il nécessaire de connaître autrui (sinon par certains traits de caractère, dont il faut nous méfier ou nous arranger) ? Et cette fameuse communication, dont philosophes et critiques nous rebattent les oreilles, nous apporte-t-elle quoi que ce soit de réel ? Est-elle désirable, utile, possible ?

Nous pourrions continuer sur ce thème. Chacun n'est-il pas plus heureux avec ses propres pensées — sans s'exténuer à percer l'esprit du voisin ? Enfin, ne sommes-nous pas toujours seuls, solitaires, et ne vaut-il pas mieux en avoir conscience ? N'y trouvons-nous pas des joies plus grandes que dans la recherche de ce que pense celui-ci ou celui-là ? D'ailleurs, en fait, nous savons bien que nous sommes à jamais cachés, murés, avec un étonnant témoin en nous.

LA SCIENCE, PAIN DE L'ÂME

Leibniz écrit : « ... Rien qui soit plus indispensable aux hommes que la science qui est le pain de l'âme et en quelque sorte la manne céleste. Mais j'entends par science les connaissances, les lumières grâce auxquelles les hommes deviennent plus heureux, par lesquelles... ils conquièrent sans cesse de nouveaux avantages, de nouveaux remèdes afin de jouir dans la mesure du possible de la santé et du bien-être [1]. »

Belle définition de la science à relire à l'âge atomique... mais qui prouve qu'il a toujours existé une bonne et une mauvaise science, ou plus simplement une science qui pouvait être utilisée à des fins nuisibles.

1. Lettres de la Princesse Palatine (1672-1722), *Mercure de France*, p. 442.

Progrès

« ... Jusqu'ici nous n'en étions guère qu'aux débuts vu que par l'irruption des peuples barbares toute la science des anciens Grecs et Romains s'est à peu près perdue et la barbarie a duré, du moins pour ce qui est des sciences, presque jusqu'à l'invention de l'imprimerie. Il n'y a guère plus de deux cents ans que l'on a dû se mettre en quelque sorte à tout recommencer et que l'on fait de grands efforts pour scruter la nature [1]. »

L'homme devrait poursuivre l'œuvre du Créateur — mais, délaissant sa vocation créatrice, il a souhaité détruire et a inventé d'effroyables moyens de destruction.

1. Ecrit en 1715 par la même Princesse Palatine.

SACRIFICE DES ANIMAUX

On sacrifiait jadis des animaux aux dieux. On les sacrifie aujourd'hui pour la science.

Si on supprime les amygdales d'un rat, il ne s'effraie plus de l'introduction d'une souris dans sa cage, et ne la tue pas. Son agressivité a disparu. De là à tirer des conséquences pour d'autres espèces animales...

L'expérience a été faite sur un enfant au comportement désordonné et brutal : il est devenu doux et obéissant, mais a perdu toute affectivité.

Tant de gens font profession d'aimer les animaux et cependant peu de cinéastes — sauf l'auteur de *Crin blanc,* — ont eu l'idée de faire un film pour le grand écran où figureraient quelques beaux spécimens de la faune, où seraient mis en lumière l'instinct d'un chien, le charme d'un chat, la noblesse des chevaux racés.

Des pièces de théâtre existent. Colette avait bien caractérisé, en un joli dialogue, chat et chien. *La Chatte anglaise* est également une pièce ravissante. Et n'oublions pas *Chantecler* d'Edmond Rostand !

LA VIOLENCE

« *Ne me parlez pas sur ce ton...* » Les mêmes mots prononcés sur un ton de voix différent changent de sens. « Bonsoir ! » par exemple, suivant qu'il est dit doucement ou violemment, avec colère...

Il faut défendre avec courage des causes justes, mais on doit, autant qu'on le peut, éviter d'attaquer nommément ses adversaires. Combattre est, en politique, un problème difficile. Je me souviens qu'ayant choisi une action toute de sagesse et d'intelligence, un interlocuteur, député socialiste d'un pays étranger, favorable à la campagne féministe, me dit : « Si vous ne marchez pas sur le Parlement, vous n'obtiendrez rien. Tout se gagne par la violence. » Je me demande s'il avait raison ou si c'est moi ?

La solution qui prévaut à présent consiste à montrer le nombre, mais à éviter les opérations de force, les manifestants se bornant à des défilés dans les rues.

Comment modifier la législation ? Les guerres apportent aussi des changements importants.

Étrange fait que notre solidarité avec les êtres qui vivent sur terre. Nous sommes punis pour les crimes des autres, victimes de leur ambition, de leur cruauté (songez aux luttes entre peuples et aux révolutions !).

Notre destin est terriblement mêlé à

celui de nos contemporains, de nos compatriotes, de nos ennemis, des membres de notre famille. Et nous nous agitons, nous agissons vainement pour échapper à un sort désagréable, qui est celui d'autrui, ou dont autrui est responsable à notre égard.

La télévision, la rapidité des communications jouent un rôle extraordinaire. Point de malheur dans le monde que le monde n'en soit informé dans la demi-heure qui suit. La terre s'offre tout entière à notre connaissance. Simultanément, on nous informe qu'on tue à Rome comme à Paris, à Londres et à Beyrouth.

III

LITTÉRATURE

« Le culte des lettres disparaîtra
comme le culte de la lune. »

Paul VALÉRY.

Marie, *in fine*, aimait-elle encore la littérature, les lettres, les livres ? Comment répondre ? Il y avait des jours où la moindre promenade au-dehors lui paraissait préférable.

De toute façon, elle se rendait compte — objectif difficile — que c'est pour lire — enfin ! — un livre qui lui plaise de la première à la dernière ligne, que l'écrivain écrit.

L'auteur de Mémoires, de confessions, de romans rédigés à la première personne, se présente comme un personnage sincère. Fait-il son portrait exact ou cherche-t-il à dissimuler les côtés déplaisants de son être ? Les deux à la fois. Il se confesse et il se cache. Cette ambiguïté apparaît particulièrement chez Proust, mais elle existe sans doute chez tous.

A VÉNUS

Si l'homme, comme l'assurent les savants, a mis longtemps à proférer des sons intelligibles, à parler, il s'est rattrapé et les ondes de paroles issues de millions de bouches ont entouré la planète en tous sens sans que nul puisse les capter.

Ce n'était point assez. L'écriture a été inventée. Les manuscrits, les livres imprimés ont suivi. Puis les cinémathèques, les discothèques, les cassettes, etc. Des avions tracent des signes dans le ciel et on envoie des messages à Vénus avec le vague espoir d'être, de la Terre, lu ou entendu.

UN VICE PUNI

Un vice puni : l'écriture. Vice, car l'écrivain ne peut s'arrêter. Il lui faut continuer à faire des livres pour échapper à la mauvaise conscience. La punition consiste à être condamné au travail presque incessant — sans négliger les coups parfois pénibles que vous assène la critique...

LIBERTÉ D'ÉCRIRE

Le critique d'une certaine presse s'étant attaqué à une des premières œuvres de G., celui-ci s'en affecta vivement, mais M., homme éclairé et bon, l'apaisa : « Je ne puis approuver, dit-il, qu'on veuille limiter la liberté d'expression. Nul n'a le droit d'enchaîner un esprit. » Certes, mais la pratique en a toujours été répandue.

ÉCRIRE

Lire pour chasser quelque chagrin ? C'est curieux de voir un grand écrivain, comme Montaigne, recommander ce remède à nos peines, alors qu'*écrire* est certainement plus efficace. Tu es inquiet ? Ecris ton inquiétude ! Désespéré ? Ecris ton désespoir ! Tu t'en débarrasseras mieux par l'écriture que par la lecture.

« Armand L. naquit en Champagne et Emélie était également champenoise, mais c'est en Amérique qu'ils se rencontrèrent et se marièrent. A.L. a commencé sa carrière par un ouvrage sur *les Amours 1925*, puis il a été tenté d'écrire une biographie de Madame S., qui se fit connaître par son aventure extravagante avec un président. Il se rendit en U.R.S.S., reçut un grand prix littéraire, fut élu membre d'une académie célèbre, etc., etc. »

Quand on parle aujourd'hui d'un écrivain, on évoque, autant que son œuvre, sa vie, et c'est un autre roman, une autre histoire qui double les pages qu'il nous a livrées.

Autrefois, il n'en était pas ainsi (et pour cause, que savait-on d'Homère ?).

Un texte bien écrit

Il n'est pas rare en notre temps de voir un livre critiqué pour son méchant propos, et l'auteur cependant loué, parce que son ouvrage est *bien écrit*.

Cela donne-t-il envie de connaître cet ouvrage ?

Paul Valéry appréciait le style rapide et dense du Code pénal : « Tout condamné à mort aura la tête tranchée. » Peut-on dire cette chose horrible d'une manière plus nette, plus précise, sans qu'un mot y puisse être changé ou ajouté ?

Non, certes, mais la chose n'en est pas moins odieuse, et le lecteur peut-être préférerait-il un texte moins bien écrit et plus agréable ?

(L'article du Code pénal, si bien rédigé, a été supprimé avec la peine de mort en 1982.)

Un écrivain ne s'intéresse pas à la même chose toute sa vie, ne pratique pas nécessairement un seul genre littéraire. R. de C. a été romancier avant d'être un remarquable historien, Proust essayiste (il a traduit — avec sa mère — *la Bible d'Amiens* de Ruskin) avant de se lancer dans *la Recherche*. Que de gens ont écrit, simplement parce qu'ils avaient vécu des jours de gloire ou d'horreur. Ainsi, avant de s'asseoir sur la chaise électrique, un Américain, au cours d'un long emprisonnement, a rédigé ses Mémoires.

JUGEMENT

« Le livre de F., n'est-ce pas de l'autobiographie ? — Non, c'est plutôt de l'autosatisfaction. »

Un auteur doit s'attendre à deux genres de réflexions : « Vous avez dit ce que j'ai pensé moi-même » (réaction qui exaspérait mon père : « Mais alors, si c'est le cas, pourquoi ne l'avez-vous pas écrit ? ») — ou cette réflexion inverse : « Vraiment, je ne comprends rien à votre livre. Excusez-moi... »

« Ce chapitre est faible. — Certes. Je le sais. Mais il faut bien écrire deux cents cinquante pages. C'est l'usage. »

L'ÉCRIVAIN

Si je veux gagner de l'argent, je fais un livre pour le grand public. Cependant, il y a aussi des lecteurs pour les ouvrages intelligents, personnels, échappant aux normes en usage, qui plaisent à la masse. Et chose curieuse, les ouvrages d'inspiration rare conduisent à la gloire, aux académies, au prix Nobel, et finalement à la richesse.

Arrive-t-il qu'un roman composé pour une vaste audience conquière l'estime des lettrés ? Balzac est peut-être de ce genre.

Arrive-t-il qu'un auteur devienne connu sans l'avoir cherché, semble-t-il ? Aventure peut-être de Paul Valéry.

Descartes affirmait : « *Cogito, ergo sum* » : « Je pense, donc je suis. » Tout écrivain se dit : « J'ai pensé, donc je serai (présent à la postérité), car mon œuvre me survivra. »

Locutions condamnées

En une heure de temps, nous avons entendu deux parlementaires se servir de la locution *par contre*. On sait que celle-ci a été condamnée par Voltaire comme relevant d'un usage commercial (par contre-envoi) et signifie — plutôt que « en compensation » — *contrairement*. Souvent *par contre* est employé comme synonyme de *en revanche*.

Par ailleurs, exclu également par les puristes, fut aussi prononcé dans un bref discours à l'Assemblée nationale ce même jour. Cette expression figure cependant dans le Littré, mais avec le sens suivant : « Par ailleurs, par une autre voie : il faut faire venir vos lettres par ailleurs. » Généralement, les bien-écrivants préfèrent utiliser « *d'autre part* » pour indiquer qu'il s'agit d'un autre aspect de la question, non négligeable.

Il y a ainsi des locutions qui plaisent sans doute et dont le langage courant ne peut se débarrasser. *Par ailleurs* et *par contre* appartiennent évidemment à cette catégorie. Mais des mots détournés de leur signification initiale sont aussi en usage. *Émérite* qui « se dit d'un fonctionnaire en retraite jouissant des honneurs de son titre », s'emploie couramment comme le synonyme de « grand mérite ». De même, à *conséquent* qui signifie *logique*, on donne abusivement le sens de *considérable*.

On dira : « Vous êtes bien rigoureux, cela a-t-il tant d'importance au regard du destin des hommes et des sociétés, de ce qui se passe dans le monde ? Il est, en effet, étonnant que de telles vétilles accaparent l'esprit des amateurs de bon langage, mais il faut bien constater que dans toutes les sciences, les détails infinitésimaux comptent, et le parler correct est aussi une science.

CRITIQUE

Toute œuvre d'art, mais plus spécialement dans l'ordre littéraire, attire dès sa production et, au long des siècles, une singulière sorte d'individus appelés « critiques ». « De quel droit critique-t-on ? — Cela s'est toujours fait. — N'importe qui peut dire : " Cet ouvrage est sublime ou stupide ? " — Exactement. Mais avec plus ou moins d'audience. » Il est évident qu'un critique est plus qualifié qu'un autre. Celui qui écrit dans un grand journal peut même avoir le pou-

voir d'émettre un jugement qui a le caractère d'un verdict : « Sainte-Beuve,
Brunetière, Albert Thibaudet, Paul Sou-
day ? — Sans doute. »

Amusons-nous à regarder ce groupe
d'individus agglomérés de génération en
génération autour d'un chef-d'œuvre ou
de son auteur. Voyez le sort d'un futur
classique : « Racine passera comme le
café », dit Madame de Sévigné. Attendez
trois cents ans, François Mauriac et Paul
Valéry, pour ne citer que ces deux-là,
porteront l'auteur de *Phèdre* aux nues.
Le cas de Baudelaire, faiseur de scan-
dales et relégué dans un pavillon au
bout du Kamtchatka par Sainte-Beuve,
est connu. Ce *pervers* a été découvert
éperdument croyant. « Un malade », dira
Léon Daudet, au temps où l'on imagi-
nait que la syphilis donnait du génie.
Plus tard, les disciples de Freud n'igno-
rent pas l'auteur des *Fleurs du Mal* et
l'ont identifié à son albatros impuissant.
Le voilà de nouveau en vedette... En
fait, chaque école l'a successivement

étudié, y a inventorié des richesses profondes, nouvelles.

HUGO ET GIDE

Un mot cinglant : Victor Hugo « le plus grand poète, hélas ! » troubla le public, mais celui qui l'a proféré — André Gide — est-il aussi grand que Victor Hugo ? Et puisqu'il est orfèvre lui-même, je veux dire écrivain, n'y a-t-il pas chez lui le désir d'abaisser un autre écrivain pour s'élever lui-même ? La règle de droit : « A qui profite le crime ? » s'appliquerait-elle, un peu atténuée (« A qui profitent les propos méchants ? »), dans le cas des condamnations littéraires ?

LA LECTURE

Milliers de lectures, milliers d'impressions créées en notre esprit. Les adolescents, en classe de philosophie, connaissent bien ce phénomène : tour à tour séduits par la pensée grecque — Platon ou les stoïciens —, par les moralistes du XVIIe ou du XVIIIe siècle —, ils sont un temps cartésiens, puis voltairiens, s'enflamment pour Kant ou pour Hegel, arrivent aux modernes pour devenir admirateurs de Marcuse ou de Paul Valéry, etc. Chaque époque fournit des maîtres à réfléchir, des chefs d'école. On a vu des maurrassiens, des sartriens et des disciples d'autres célébrités.

S'il y a une « histoire des idées », que chacun doit obligatoirement apprendre en classe, quelle trace laissent en notre esprit les maîtres à penser qu'étudiants nous avons aimés ?

Certains grands hommes y restent fidèles toute leur vie. André Maurois demeurait l'admirateur d'Alain. C. de G. était assez maurrassien. Paul Valéry aimait Mallarmé, mais sans l'imiter.

A quel âge ne subit-on plus d'enthousiasme pour un auteur nouveau, Marquez, Kundera, Burgess, etc.? Assez vite, on se résigne. La littérature continuera sans nous. Jusqu'à quand?

PENSONS

Nous n'avons plus au XXᵉ siècle grande curiosité pour la brouette ou la « birouette » inventée par Pascal, ni pour un certain triangle mystérieux qu'il a étudié avec succès. Ce qui reste du célèbre Blaise, ce n'est pas non plus les ironiques *Provinciales* et leurs points de vue théologiques, ce sont *les Pensées*, fragments d'un ouvrage inachevé. Et devant ce succès d'immortalité, d'aucuns se disent : « Pensons », pour atteindre le même but et briller devant la postérité.

MÉMOIRES

Deux espèces de Mémoires : ceux qui sont écrits *pro domo sua*, pour se défendre, et ceux où l'auteur s'exhibe, confesse ses fautes, voire ses vices. Cette dernière manière paraît moderne. En fait, Rousseau rédigea des *Confessions* publiées après sa mort, en 1782, et bien avant lui, au IVᵉ siècle, l'illustre évêque d'Hippone, saint Augustin. Mais celui-ci visait l'évangélisation de ses lecteurs. Jean-Jacques était simplement sincère (?). Augustin était, en plus, repentant.

Le feu aux livres

Pauvres écrivains ! Il vient toujours un moment où on brûle les livres : incendie de la bibliothèque d'Alexandrie, bûcher de Savonarole à Florence, destruction par le feu ordonnée sous le règne d'Hitler (1933).

Brûlera-t-on de nouveau les livres ? Quand ? Pourquoi ? Seront-ce les vôtres ? (Après tout, c'est peut-être un honneur...)

Tantôt la *raison*, tantôt la *folie* régit la pensée littéraire. Classicisme ou romantisme ? Il arrive d'appartenir aux deux écoles. Ainsi, à près de trois siècles d'intervalle, Racine et Chateaubriand. L'auteur de *Bérénice* est un classique romantique, l'auteur des *Mémoires d'outre-tombe* un romantique classique.

Les pensées d'avant-dormir, si remarquables semblent-elles, se noient dans le sommeil. Il n'en reste rien au matin. D'où le bloc-notes sur la table de chevet que possédait Maurice Barrès.

S'écouter penser : qui pense en nous ? Que nous écoutons et dont nous nous attribuons les inventions...

Mon esprit cherche à savoir ce qui se passe dans mon esprit, comment il fonctionne, quelles sont ses pensées, dont je vais m'emparer.

On ne choisit ni son esprit, ni son visage. Pourquoi suis-je ainsi constitué et pas autrement ? Qui m'a fait naître étrangement sensible à toutes choses ? Et pourquoi ai-je entrepris d'écrire un livre où j'expliquerai le bien ou le mal qu'elles me font ?

ORIGINALITÉ

Pourquoi écrire quand il suffirait d'assembler dans un livre des extraits d'ouvrages de Tocqueville, de Malraux ou de quelque bon observateur des hommes et des civilisations ? C'est qu'il faut trouver autre chose que ce qui a été dit et écrit. Autre chose mérite seul de former la substance d'un livre nouveau susceptible de troubler les gens, de combler une attente inconsciente et de durer. Cela a été indiscutablement le génie de Proust, de Gide et de Paul Valéry. Quelqu'un aujourd'hui, dans l'ombre, a-t-il déjà trouvé « autre chose », que nul encore ne connaît ?

ÉCRIRE L'AVENIR

Parfois, nous nous disons : « Dans une heure, cette épreuve m'atteindra ou cette joie, je l'éprouverai. » Ainsi nous vivons d'avance tel ou tel événement, dont l'arrivée nous paraît *certaine*. De même pourrions-nous dire : « Ce soir, je ferai ceci ou cela, et la nuit passera et demain je verrai X. ou Y., et ce rendez-vous tant attendu aura lieu, et ensuite ne sera plus qu'un souvenir. » Toute notre vie à vivre encore (mais qui en sait effectivement la durée ?), nul ne nous empêcherait de la projeter devant nous, avec toutes ses péripéties, ses joies, ses deuils fatals. Et ce serait le roman de notre avenir, tandis que la plupart des écrivains — et même de simples individus — se fatiguent à l'évocation des stupides souvenirs de l'existence passée, vécue :

« En 1930, je faisais ceci, cela, j'étais à Paris ou aux Caraïbes, etc., en 1950 je... etc. »

Il est vrai, pour en revenir à mon propos, qu'écrire sa vie future reste à peu près irréalisable. Mais, comme ce serait amusant de lire plus tard ce qu'on avait imaginé, cru qu'il adviendrait et de voir la coïncidence ou la non-coïncidence de nos rêves et de la réalité...

JUGEMENT

« Que pensez-vous de B. ? — Il écrit bien, mais il n'a rien à dire. »

IMAGINATION

Songez à un livre où figureraient l'un après l'autre sous une forme concise les petits faits, non pas forcément vrais, peut-être simplement pensés, imaginés, mais en tout cas ineffaçables pour on ne sait quelle raison.

STIMULANTS

« Je sais qu'avec cette tasse de café je vais faire un chef-d'œuvre. » Ainsi se comportait Balzac. Et s'il me faut, à moi, un alcool comme à Edgar Poe, un *joint* comme à A.M. ? Ceci et cela prouvent qu'un écrivain n'agit, ne « fonctionne » pas dans un état normal.

PENSÉES

Notre tête pense, notre main armée d'une plume écrit. Chaque pensée est insérée dans un contexte romancé qui en démontre l'exactitude, la profondeur, la force. Ainsi procédaient Balzac, Thomas Hardy ou Proust. Mais d'autres auteurs plus paresseux ou conscients de la valeur de leurs observations se contentent de les noter sous la forme la plus parfaite. Ainsi firent les moralistes de Marc Aurèle à Vauvenargues.

DERNIÈRES PAROLES

P.L. m'avait dit : « Je suis heureux, je viens d'écrire soixante-douze pages de suite ». Hélas ! Quinze jours plus tard, une crise cardiaque mortelle l'empêchait d'aborder la soixante-treizième...

ROMAN ET CINÉMA

Le cinéma semble avoir apporté quelque chose de nouveau dans le récit en coupant des tranches d'action et en sautant d'un événement commencé, non achevé, à un autre, comme jadis les Américains, en revenant du présent vers le passé — flash-back —, du passé ensuite vers le présent, ceci d'une manière constante, avaient également innové et rompu avec la tradition dans l'écriture du roman.

A DEUX

La collaboration à deux — parfois deux frères — apparaît dans l'histoire littéraire — Edmond et Jules de Goncourt, Jean et Jérôme Tharaud, ou dans celle du cinéma — Paolo et Vittorio Taviani. En connaît-on beaucoup d'exemples ? Les deux frères se complètent pour former un être mieux doué qu'un seul, un être plus complet, plus riche, un super-être ? En fait, il ne semble pas qu'il en soit ainsi. Deux êtres associés n'en font pas un seul supérieur, génial.

MYSTÈRE DU SCANDALE

Chercher à scandaliser ? Est-ce un irrésistible besoin de sa nature ou un désir d'attirer le lecteur (certain lecteur) ?

Peindre des scènes atroces, aller jusqu'à l'extrême de l'horreur dans la description du mal physique ou moral, à quoi cela correspond-il ? A quelle incroyable et terrible nécessité chez certains écrivains ?

MARCEL PROUST

Sans pousser la conviction aussi loin que Proust, l'auteur écrit pour échapper à la vie et à ses souffrances, s'enfermer dans son œuvre et dans un autre monde, s'isoler des autres.

Il est évident qu'une œuvre est personnelle, que mon œuvre ne saurait être la vôtre (et réciproquement), que Flaubert n'est pas Stendhal, ni La Fontaine, Racine, que Marcel Proust est Marcel Proust.

Si Marcel Proust s'était contenté d'écrire « A la recherche du temps *passé* », expression plus exacte que « temps *perdu* » (qui signifie la perte de temps, temps non employé), il aurait moins intrigué les lecteurs, mais l'harmonie du titre choisi par lui n'aurait pas charmé l'oreille et l'âme.

Curieux que celui qui a passé sa vie *à la recherche du temps* et titré ainsi son œuvre ait écrit : « Il semble que notre vraie nature est hors du temps. » (Il s'agit, bien entendu, de Marcel Proust.)

ACCÈS À LA CULTURE

Les intellectuels — de gauche — ont des remords vis-à-vis des classes défavorisées, qui ne pourraient — selon eux — accéder à cette bienheureuse culture (dont le rôle consiste à changer le monde [sic]).

Distinguons la culture de l'instruction aujourd'hui bien généralisée (en tout cas, obligatoire).

Il semble que la culture est accessible à ceux qui en ont envie. Ils se « fournissent » en quelque sorte, à leur guise, chez les écrivains. Ceux-ci ont pour vocation de s'exprimer, de confier tel ou tel secret de leur nature, pour en faire bénéficier les hommes en général. Ils développent l'imagination du lecteur, ils lui apprennent la richesse, la profondeur, la diversité de l'être humain. Quant à changer la société, il leur est recommandé d'être prudent et, surtout, de ne pas chercher à faire le bonheur des gens malgré eux.

Espérer gouverner paisiblement les hommes en donnant à tous l'instruction est une gageure.

Égalité de chances au départ, certes! et hiérarchie établie entre les gens de plus ou moins grande valeur, cela semble la justice. Le système existe, mais la « hiérarchie » opprime le peuple et il n'y a pas de vraie justice.

D'autre part, les hommes instruits sont plus capables que les ignorants d'organiser la révolte, de réclamer ce que le pouvoir leur refuse.

LECTEURS

Chaque lecteur imagine différemment les personnages d'un roman, il le fait avec les éléments dont disposent son expérience, sa mémoire. Autant de lecteurs, autant d'interprétations. Si je n'ai jamais été à Rouen, je me représenterai le bûcher de Jeanne d'Arc sur la place du Vieux-Marché autrement qu'un habitant de cette ville. De même pour tous les lieux de la terre, que d'autres livres ou certains voyages me permettent d'inventer en quelque sorte.

Il est ·donc vrai que l'ouvrage d'un auteur, livré au public, ne lui appartient guère, que surtout sa résonance est diverse. A mille lectures correspondent mille esprits variés et, par conséquent, mille idées et images plus ou moins conformes à celles de l'auteur.

Théâtre

Parmi les spectateurs de cette pièce de théâtre attrayante, si bien jouée, il en est un qui, attentif et critique, voudrait réécrire ce texte, modifier certains détails de la mise en scène, ou même interpréter autrement le personnage principal.

Les autres s'amusent sans problème ou ne se posent que ceux de Phèdre et de Chimène.

Acteurs, rentrez dans la nuit...

La télévision, un spectacle qu'on peut interrompre à sa volonté par un simple coup de pouce... Il n'en est pas ainsi au théâtre où notre départ ferait scandale.

D'AILLEURS, IL S'EN VA...

Après avoir émis quelques critiques prudentes à l'égard de tel ami-ennemi, quelle volupté d'ajouter, envisageant une disgrâce possible et prochaine : « D'ailleurs, il va quitter son poste... »

Tels écrivains, X. ou Y., déclarent qu'ils doivent beaucoup aux Chinois ou aux penseurs de l'Inde, mais Z. pense qu'il ne doit rien à personne, ou si peu de chose, des détails de style, peut-être ? Il se sait original — c'est pourquoi il ne prévoit son succès que dans cent ans.

Style circulaire

Si vous ne voulez pas qu'on vende vos lettres, ne les rédigez pas si bien, n'y mettez ni originalité, ni enthousiasme amoureux, ni jugement sur autrui, mais tenez-vous-en au style « circulaire ».

Écrire comme on parle ?

Surveillant ses phrases, X. parle comme on écrit. D'aucuns l'écoutent : « Il parle comme un livre. » D'autres — plus modernes — estiment qu'il faut écrire comme on parle.

Sur-onirisme

On aurait pu nommer autrement le surréalisme : par exemple « sur-onirisme », car les écrits poétiques qui ont suivi ceux de l'école surréaliste et ont poussé ses tendances à l'extrême ont donné des compositions abstruses, semblables aux enchaînements des rêves et résultant d'une confusion dans l'assemblage des mots et des choses, plus accentuée que dans les songes de la nuit. Sans doute, moins convaincants.

Convertis

A un certain âge, l'écrivain ne peut que se répéter. Pour garder son audience, il doit donc changer d'idées, d'expression, de sentiment. C'est ainsi qu'un adhérent de tel parti politique le quittera pour devenir le néophyte du parti opposé et connaîtra alors de nouveaux succès : les *convertis* ont toujours des lecteurs.

L'ENGAGEMENT

Est-il vraiment nécessaire pour être lu et admiré de s'*engager* — comme le proclamait jadis Jean-Paul Sartre ? Ne peut-on pas échapper à la machine politique et s'exprimer simplement, en toute liberté et objectivité ? Dire ce qu'on estime juste, beau, souhaitable ?

Quel climat?

Un dictionnaire, récemment sorti, comprend, disent les auteurs, 360 000 articles. On pense à Racine qui n'employait que 1 500 mots.

Ce même Racine donnait-il à certains de ces mots un sens inattendu? Esther dit à Elise :

> *Quel désert, quel climat*
> *a donc pu te cacher?*

Nous nous interrogeons au sujet de ce *climat* susceptible de cacher quelqu'un. Larousse nous renseigne. *Climat* ne signifie pas seulement l'ensemble des circonstances atmosphériques auxquelles est soumis un pays, mais aussi *contrée, région.* Nous voilà rassurés. Racine ne s'est pas fourvoyé ou est-ce lui qui a créé cette signification supplémentaire à *climat ?* Pas le moins du monde. Corneille et même Montaigne l'ont employé ainsi. Alors, référons-nous à l'étymologie : *climat* vient du grec *incliner* et indique l'inclinaison de la terre, de l'équateur au pôle, et les espaces compris entre les cercles parallèles. Voilà pourquoi un *climat* a pu cacher Esther (Edissa), reine des Perses, à l'anxieuse Elise, juive de la tribu de Benjamin.

Ce livre est bien écrit. « C'est dommage, dit X., je n'aime pas l'auteur. »

Tous ces cerveaux d'hommes — ou de femmes — contiennent — ils sont plusieurs milliards — une vision du monde. Combien essaient d'une manière rationaliste, expérimentale, de connaître l'univers et son mystère ? Combien d'esprits acceptent la méthode de Descartes et les règles rigoureuses de la connaissance formulées par Claude Bernard ?

La quasi-totalité des humains préfèrent vivre dans un univers plein d'illu-
sions, celles-ci ne manquant pas toujours de cruels compléments.

On reste confondu, notamment, devant le nombre d'adeptes qu'au nom
d'une soi-disant mystique ont toujours
faits des imposteurs. Promettant le bonheur ou l'apaisement, ceux-ci imposent
des lois sévères : il faut travailler sans
relâche, jeûner, obéir à des chefs illumi-
nés (?), lesquels ne semblent pas toujours prêcher d'exemple, mais qui possèdent l'art d'attirer des êtres angoissés et
de les détacher de leur milieu, de leur
famille. Fascination de l'irrationnel. « Je
préfère la civilisation chrétienne. Le
christianisme — me disait A.B., qui
n'était pas croyant — nous préserve de
ces déviations ! »

NOUVEAUX TITRES

Jadis, on donnait à son ouvrage un titre explicite : *De l'esprit des lois, Servitude et grandeur militaires*. S'il s'agissait de conter ce qu'on avait fait, ce qu'on avait vu, *Mémoires* était généralement adopté. Aujourd'hui, ce mot, ou celui de *Souvenirs*, nous paraissent désuets. Ainsi voit-on paraître *Passé défini* (Cocteau) ou *Permis de séjour* (Claude Roy).

Déjà, Anna de Noailles se préoccupait d'intituler ses poèmes. Mais ne trouvant pas, sans doute, de titre adéquat, elle se borna souvent à utiliser le début du premier vers :

Si vous parliez, Seigneur...

Certains jours, l'écrivain éprouve le sentiment d'avoir tout dit, d'être vide d'idées, d'impressions, et la page reste blanche.

D'autres jours, l'écrivain sent qu'il n'a rien dit, que tout reste à explorer de l'être humain, en dépit des *Essais* de Montaigne et de *la Recherche* de Marcel Proust.

Il faut écrire son livre. Il faut, enfin, le lire.

IV

SURSIS

« Les vivants, quand ils sont
fâchés, disent : " Je voudrais
être mort " ; et moi, je dirai vo-
lontiers au contraire : " Je voudrais me porter bien ". »

Fénelon.

A pas de loup, la Beauté s'en va...

PRÉSENCE

Le souvenir d'un être disparu est *présence* et non *absence*, comme beaucoup le croient. C'est ainsi qu'il faut accueillir le retour, dans notre esprit, du passé.

Qu'est-ce d'ailleurs que le souvenir, si ce n'est tel morceau de notre existence, qui a été notre présent, et le redevient un instant ? Quand vous songez à votre compagne perdue, au remarquable ami venu jadis dans la pièce où vous

vous trouvez, n'est-elle, n'est-il pas là devant vous ?

LA PORTE

Dans la nuit, une porte claque. C'est celle de l'entrée, nul doute, et moi, couchée, j'ai entendu ce bruit net. Soudain je me souviens, j'ai identifié ma sensation. Il y a quinze ans — quinze ans déjà sont passés — j'écoutais, avec un serrement de cœur et cependant quelque apaisement, le claquement assourdi de cette grande porte qu'en rentrant tardivement quelqu'un fermait avec précaution.

RUSES

Prenez un livre comme on prend un train, puis un autre livre, comme on prend un autre train. Ainsi chemine-t-on toute la vie à côté de sa vie, oubliant, négligeant soucis, peines, ennuis quotidiens de toutes sortes.

« LES CHOSES NE M'AFFECTENT PAS... »

« Alors, vous avez été heureux, vous êtes satisfait de l'existence, de la vie qui a été la vôtre ? — Oui, j'ai vécu dans la meilleure société de mon temps, j'ai connu les gens les plus intéressants, ceux qui ont joué un rôle dans les affaires publiques. »

« Et vous ? — C'est difficile de vous l'expliquer, répond Y. qui a déjà quatre-vingt-quatre ans, je vis ailleurs. Les choses, autour de moi, ne m'affectent pas. » (Étrange réponse que j'aurais dû tâcher d'élucider.)

Accompagnant mon ami dans un voyage, j'écoutais ses propos avec une vive curiosité, mais je n'osais l'interroger davantage et savais, d'ailleurs, qu'il n'ajouterait rien à ses paroles. Il pensait, semble-t-il, que je ne comprendrais pas le mystère qui était le sien. S'il vivait réellement loin de nous, pourquoi se fâchait-il devant certains faits, déplorant l'incompréhension des gens qui ne se lassaient pas de répéter des sottises, de se complaire dans l'inexactitude ? Cet être bon et charmant nous quitta avec son sourire. Mais avait-il jamais été totalement avec ceux qui l'entouraient et l'aimaient ?

JOURNÉE BIEN REMPLIE

Pourquoi accumuler tous ces actes en si peu de temps, aller d'un rendez-vous à une réunion, d'une exposition à une conférence ? A la fin de la vie, certaines femmes s'en trouvent heureuses, satisfaites, la conscience en paix.

SURVIVRE

Je parlais un jour à Paul Valéry de la pérennité de son œuvre. « C'est une manière de ne pas mourir tout à fait ? — Oui, un espoir de survie. »

En fait, chaque écrivain espère que son œuvre « durera » (et lui-même, au-delà de sa disparition, grâce à ses essais, ses romans ou ses poèmes). C'est un besoin de l'être que ce désir de ne pas mourir et un étonnement constant devant la mort.

Mais, qui donc survit ici-bas? Les noms des conquérants sont inscrits sur les monuments, et dans l'histoire. Certes, nous nous souvenons de Gengis Khan, de Tamerlan, d'Alexandre le Grand, de César et d'Attila. Quant aux penseurs, il est évident que certains parmi les plus anciens — Platon, Aristote — ne sont guère oubliés et que, depuis deux mille quatre cents ans, leurs œuvres sont évoquées inlassablement dans les chaires et sur les bancs des écoles.

Cette idée de la survie tourmente bien des êtres. D'aucuns l'imaginent sous une forme plus ou moins personnelle, en tout cas différente de ce qu'est notre corps terrestre, et considèrent avec épouvante la terrible momie de Ramsès II.

Ici-bas, la vie était moins triste quand on croyait à une autre vie.

RECOMMENCEMENT

On parle toujours de l'évolution des espèces (sans cesser de s'émerveiller devant leur stabilité), mais peut-être qu'il est un phénomène de la nature aussi extraordinaire : c'est celui du « recommencement ». Retour régulier des saisons et, d'abord, du printemps végétal, mais aussi l'étonnant recommencement des générations, venant l'une après l'autre, chacune accomplissant son existence et son développement comme la précédente, quoique avec la conviction de s'en distinguer.

Si tu éprouves malaises, soucis ou chagrins, fais face malgré tout à tes obligations, suis le cours de la vie habituelle.

L'ÂGE

Avec le temps diminue une certaine force contraignante qui existe en nous tout le long de notre vie et nous oblige à exécuter une sorte de programme de notre choix. Vient l'heure où nous ne savons, ne pouvons plus nous commander tel acte ou même un acte quelconque. Nous demeurons inertes, quasi stupides. Il est vrai que l'arrivée et la seule présence d'un importun nous changent subitement, nous rendent nos forces, notre personnage, notre volonté.

Comment, à un certain âge, lorsque les habitudes ont été prises presque à chaque moment de la journée, introduire entre les actes quasi automatiques un peu de nouveau, d'inédit, d'inattendu ? Rencontrer un être inconnu, lire un livre d'avant-garde ? Hélas ! tous les individus se ressemblent plus ou moins — et ceux qui se targuent de différences sont inquiétants. Les livres, aussi, se ressemblent avec leur vieux fonds commun d'idées, toujours les mêmes depuis l'origine des civilisations. Alors, tirer quelque chose de soi ? S'écouter penser ? Mais ceci, constatons-le, ne peut se produire qu'à de rares moments.

RUSE

Pour diminuer une sorte d'horreur, de détresse que créait en elle la campagne depuis son enfance, Marie dut, dans l'âge mûr, imaginer qu'elle se trouvait au bord de la mer, alors qu'elle était bien réellement sous les arbres de l'allée du parc. Mais, le soleil aidant, Marie s'était installée avec un livre sur une chaise longue exactement comme à la plage, et la volupté éprouvée quelques années auparavant à C. lui fut rendue. Désormais, quand elle pensait à son séjour habituel à M., Marie l'envisageait sans trop d'appréhension. Il s'agissait, en somme, de profiter des agréments de l'été et d'une lecture captivante, faite allongée dans la lumière de juillet.

MÉLANCOLIE

Les hommes savants, médecins ou psychologues, ont depuis longtemps essayé de guérir l'angoisse, la mélancolie, auxquelles sont en proie certains êtres. On peut consulter à ce sujet l'*Anatomie de la mélancolie*, publiée par Robert Burton en 1628, qui cite le professeur Jean Hamburger *(le Journal de Harvey)*. J'aime la thérapeutique suggérée : le *jeu d'échecs*, la *danse*, le *chant*, la *pantomime*, la *musique*.

Curieux que n'y figure pas la littérature : ouvrages qu'on lit, ouvrages qu'on écrit, qui permettent une évasion de ce monde.

Voyage et spectacles

Le voyage est un cauchemar que l'on vit véritablement. Eveillé. Et dont on réchappe en rentrant aussi vite que possible chez soi.

Voyager, c'est amusant, distrayant, séduisant... ? Et cependant la préparation d'un voyage, le soin d'une valise nous ennuient et peut-être créent une sorte d'angoisse que nous attribuons au fait de partir. C'est une erreur. Partez sans bagages et l'anxiété s'évanouit. Il faut donc s'en aller de chez soi vers la Chine comme pour une promenade pareille à celle que nous accomplissons chaque jour pour nous changer l'esprit.

Les spectacles — théâtre, cinéma, voyages — ont pour objet de nous retirer de notre propre vie, de notre vie habituelle, quotidienne. Quand le spectacle faiblit, que son intérêt diminue, que nous ne sommes plus *accrochés*, nous retrouvons brusquement notre propre existence avec ses soucis et surtout sa monotonie. La pièce, le film, le voyage n'ont duré qu'un temps. Nous rentrons dans notre chambre et rangeons nos habits de circonstance en songeant à la prochaine sortie qui nous permettra une nouvelle évasion.

La moitié de notre existence se passe à tenter de nous intéresser à la vie, aux activités de ce monde, et, quand nous y sommes parvenus, l'autre moitié à nous en détacher.

TOP SECRET

Nous avons reçu l'intelligence, Dieu soit loué, pour comprendre mille choses ici-bas dans un progrès d'ailleurs incessant, qui permet à l'homme de connaître peu à peu l'univers, excepté ce qui lui importe le plus : le secret de sa destinée, la raison de sa présence sur une petite planète belle et variée, où il s'acharne à faire du mal à ses semblables.

LE CORPS ET L'ESPRIT

Jadis, l'homme avait une âme, un cœur, un esprit. Voltaire suggéra de ne plus dénombrer que l'esprit et le corps. C'est à peu près où nous en sommes à présent, et pour quelque temps. Qui nous dit qu'un jour l'esprit identifié au cerveau ne sera pas devenu — au regard de certains — simple partie intégrante de notre corps et ne comptera plus que comme tel ?

L'ÊTRE INACHEVÉ

Les souvenirs d'enfance, de jeunesse, des uns et des autres, ne m'intéressent guère. De toute façon, c'est l'histoire d'un être inachevé... et j'ajouterai même d'un être plus ou moins irresponsable, manœuvré, dirigé, formé par des adultes, *manipulé* — pour employer un mot à la mode. Que de jeunes individus — et pas seulement autrefois, en des temps lointains — ont été ainsi orientés vers une carrière, ont subi une manière de vivre qui n'était pas de leur choix ni de leur goût. On obligeait un futur physicien de génie à étudier les lettres, on voyait un médecin dans un diplomate qui ne s'intéressait qu'à la politique des nations et voulait ignorer les maux du corps humain... Quant à l'enfance de celui-ci, de celle-là, elle n'offre pas tant d'intérêt, seule la jeunesse des grands hommes (Chateaubriand ou Renan) est pleine d'un charme réel.

Discours

Il semble que ce soit d'une oreille différente que nous écoutons les conférences politiques ou d'économie politique, et, d'autre part, les exposés littéraires.

Quant aux allocutions d'un caractère religieux, elles ont une tout autre résonance en nous, elles pénètrent dans une région souvent endormie de notre esprit, mais éveillent indiscutablement certaines aspirations. Nous avons alors l'impression d'accéder à un autre monde que notre enfance a connu.

Au demeurant, n'est-il pas futile de chercher à déterminer si telle chose ou telle autre nous a été agréable, nous a, au contraire, contrarié, blessé, alors que la plupart du temps, pressé, bousculé, nous n'éprouvons rien qu'une sorte d'indifférence, d'ennui, de lassitude en courant à nos occupations ? Et, cependant, si l'on veut faire cette analyse, c'est qu'on en a le désir, une curiosité certaine.

Cela peut être amusant, cela surtout nous amène à réfléchir, à descendre dans les profondeurs de notre conscience.

La vie a continué

Pourquoi dire qu'après un choc malheureux — deuil, accident, revers de fortune, etc. *la vie a continué*. En fait, la vie ne continue pas, elle *recommence*. Chaque jour, chaque matin, c'est d'ailleurs la véritable impression que nous devrions ressentir, que nous éprouvons parfois. A partir du moment où nous sommes arrivés à l'âge adulte, et que nous avons à peu près organisé notre « temps », la même journée se répète, assez identique à celle de la veille. C'est seulement dans des cas exceptionnels, pour des destins rares, que la vie *continue*, c'est-à-dire *évolue* avec des rebondissements inattendus, s'élargit soudain, qu'elle n'est plus une morne répétition.

LE VIEUX VIRTUOSE

Les mains célèbres courent, se croisent sur le clavier, créant des sons sans fin. Ce virtuose célèbre est déjà un vieillard. Divinement, il exécute une toccata.

Je regarde son visage alourdi, ses paupières pesantes... Combien d'années lui reste-t-il à vivre ? Pour le moment, il joue. Son jouet est un grand piano noir. Toute sa vie, il a joué. Si la fin de sa carrière approche, le vieil homme joue encore. Avec son éternel jouet, le grand Bechstein ouvert sous le couvercle de bois sombre. Toute son existence, il a joué. Il est encore habile. Mais ce soir, comme cette musique magnifique paraît soudain triste...

RESSEMBLANCE

Alex F. était une fille fort intelligente, mais l'intelligence n'a jamais empêché de mourir. Son heure arriva après une longue maladie. Alors, elle se tourna dans son lit sur le côté, et on l'entendit murmurer en une ultime observation : « C'est cela mourir ? » Oui, c'était bien cela. Aussitôt, suivant la coutume du pays, on recouvrit de draps noirs les miroirs de la chambre.

Quelques années auparavant, son illustre cousine, à qui elle ressemblait, avait disparu. Alex était demeurée parmi nous comme un reflet vivant, son double, qui maintenant avait cessé d'exister, de donner cette curieuse illusion, et nous laissait songeurs dans cette chambre devenue tragiquement obscure.

Survivre aux autres

Un homme qui parvient à un grand âge se sent coupable en considérant le nombre de tous ceux qui sont morts avant lui — les femmes aimées, les hommes célèbres, les amis, les rivaux... Survivre lui paraît un peu criminel, répréhensible, et en même temps un bienfait de la Providence.

Qui suis-je ?

Nous mourons sans que les autres sachent vraiment qui nous sommes, et nous-mêmes l'oublions assez souvent, pour ne pas souffrir de nos actes passés, de nos soucis, du tourment intérieur de l'esprit, propre aux êtres humains.

FOURMIS

On pourrait, par rapport à la grandeur de l'univers, nous comparer à des fourmis. Chacune de ces fourmis humaines — des milliards qui sont apparues et ont disparu au long des siècles — avait pourtant en tête d'imaginer avec son faible esprit, sous la forme de dieux ou d'un Dieu, la Puissance supérieure, comme si elle pouvait comprendre, contenir un Esprit infini.

Le plus curieux est qu'un certain nombre de ces fourmis pensantes ait nié la Pensée suprême.

MORT

Nous avons peur de la mort et cependant, une fois par jour, quand vient la nuit, nous avons rendez-vous avec elle. Car dormir, c'est mourir.

O Puissance supérieure, je te vénère, je t'adore et te supplie de ne pas m'abandonner.

Tu t'ennuies ? Oublies-tu que tu peux mourir, que tu *dois* mourir bientôt ? Profite donc de cet instant passé au sein d'un parc charmant, sous le soleil d'été. Reverras-tu un jour semblable, l'an prochain, ou même demain ?

LES ÉCRANS

« Parler à la télévision, dit M., cela peut donner le " trac ", un sentiment d'anxiété, comme d'aller " à confesse ". » D'ailleurs, la télévision joue un peu chez certains le rôle du culte. On s'installe devant le petit écran le dimanche, alors que jadis on assistait aux vêpres (supprimées depuis quelques

années), ou bien on va au cinéma. Ces
successions d'images procurées par les
films accaparent notre attention. Combien de temps se passe actuellement à
regarder, à écouter des histoires, des ac-
tualités, c'est-à-dire les événements du
jour, parfois catastrophiques ?

Un vide rempli autrefois par des exercices pieux, des chants, des sermons,
bref une activité religieuse, est —
aujourd'hui que tout ceci s'est plus ou
moins raréfié — comblé par un état de
rêve, une présence à des choses qui
nous concernent à peine et qui sont cependant contenues dans le monde, celui
où nous vivons.

On voit des écrivains fréquenter les
cinémas. C'est normal et nécessaire. Ne
faut-il pas, après des heures d'application au travail, la difficile composition
d'un livre, changer d'idées, vider son
cerveau, chasser la fatigue ? Bref, tout
simplement penser à autre chose. Pour

mieux reprendre plus tard, à « tête reposée », l'ouvrage en cours.

Si l'on meurt jeune, on a jusqu'à la fin généralement gardé sa mémoire. Tout au moins, celle des actes vécus, à défaut des ouvrages étudiés en classe ou lus depuis. Qu'en reste-t-il à cinquante ans ? La mémoire fait-elle défaut déjà ? Le terrible déclin semble commencer vers quatre-vingts, quatre-vingt-cinq ans. A cet âge, l'esprit s'interroge en vain. Quel était donc le nom de cet homme assez connu rencontré en Italie ou ailleurs ? — Oublié. A quelle date s'est produit tel événement ? — Rappelez-le-moi. — Et quel est donc le sujet de ce roman que j'ai lu hier ?...

SIMPLIFIER LA VIE

Au fur et à mesure que l'âge vient, nous travaillons à simplifier notre vie, à réduire nos actes au strict nécessaire, à gagner du temps par tel ou tel moyen, à économiser nos minutes. Deux gestes pour passer un vêtement au lieu de trois, une lecture plus fragmentaire des livres, la suppression d'un coup de téléphone... De cet effort, de sa réussite, un certain mieux-être se fait sentir, la vie nous offre un supplément d'heures, de jours, peut-être...

L'ÂGE

« Vous ne changez pas... Un tel, je ne l'ai presque pas reconnu. » Voilà ce qu'on entend... sans plaisir. Car chacun voudrait changer en mieux et, d'autre part, il doit s'attendre à ce qu'un jour il ne se reconnaisse pas lui-même dans les miroirs.

Les saisons influencent les arbres, changent leur aspect. Un chêne, desséché en hiver, ne ressemble pas à l'arbre royal couvert de feuilles en été. Mais les espèces animales, sauf exception, ne semblent pas atteintes par la succession des saisons. Les gentilles marmottes, dans un bienfaisant sommeil, ont choisi d'ignorer carrément l'hiver.

JE DORS

Dans l'ennui, il y a un phénomène de paresse, de faiblesse. Celui qui s'ennuie pourrait exécuter un travail quelconque qui le distrairait, ferait passer le temps et, qui sait ? captiverait son attention, éveillerait un intérêt durable. Mais X. est *fatigué,* et ne peut faire un effort qui l'arracherait à la morosité inactive. Un remède existe. Je demandai à P.S. : « Quand vous ne pouvez travailler, que faites-vous ? — Je dors », me répondit-il. Un autre dirait : « Je mange » et un autre : « Je bois ».

MÉMOIRE

Revivre ce qu'on a vécu, contempler à nouveau sur l'écran quelque film ancien où nous revoyons ceux que nous avons connus, ou tel épisode important de l'histoire dont nous ne savions pas tout, étrange plaisir, nécessaire maintenant à nos yeux — et à notre esprit. Vivre rétrospectivement, pour les ranger dans la mémoire avec des faits de notre existence, les événements survenus pendant que nous sentions le temps s'écouler, sans bien savoir ce qui se passait à Varsovie en 1941 ou ce que faisait tel peintre célèbre, dont nous ignorons plus ou moins les œuvres et que ce soir nous avons tenté de caractériser, anxieux de trouver à quoi après tout ses toiles ressemblent ! (Enfin, nous sommes satisfaits, ayant découvert une définition : « S., dirons-nous désormais, semble tracer avec son pinceau les caractères géants d'une langue inconnue peut-être apparentée au japonais. D'ailleurs, le Japon ne l'a-t-il pas accueilli avec ferveur, consacrant à ses tableaux — presque sans autre couleur que celle du bois brun — des salles immenses ? »). Sur le moment, nous sommes contents d'avoir défini, avec des mots (n'est-ce pas notre vocation ?), cette peinture, mais nous ne sommes pas sûrs que l'image de bois brun n'ira pas rejoindre à jamais notre passé mort.

Le ventre de Marie s'alourdit : un nouvel enfant ? Non : c'est la mort qu'elle porte en elle.

MORT

Comment Pierre ou Cécile sont-ils morts ? Nous sommes anxieux de savoir de quelle manière, avec quelles paroles, les gens que nous avons connus ont quitté la vie. Ont-ils fait des recomman-

dations suprêmes à leurs enfants, réclamé un prêtre, écouté les ultimes
consolations de la religion ? Quel rôle a
joué le médecin, a-t-il débranché les fa-
meux accessoires de l'acharnement thérapeutique, la famille a-t-elle été consul-
tée au sujet de la prolongation d'un état
comateux ? L'écrivain a-t-il laissé un
journal ? L'amant de la jeune femme
était-il venu à son chevet ? Cent questions se pressent lors du décès de quelque être cher ou célèbre. Pourquoi
donc ? Ne savons-nous pas qu'on meurt,
que nul n'échappe à son destin ? Certes,
mais nous-mêmes — instruits sur toutes
les circonstances du départ définitif —
songeons à préparer dignement notre
sortie. « J'ai vu mourir saintement, m'a
dit l'abbé M., mais jamais proprement ».
Alors, ferons-nous mieux ?

Jouer un personnage jusqu'à la fin ou
être sincère ? Tout devient littérature
pour un écrivain. Décrivant la fin de
Bergotte, Marcel Proust, on le sait,
transforme son propre malaise en ap-

proches de la mort. Peut-on, aux derniers instants, demeurer le spectateur de soi-même, chercher encore un crayon pour noter son état d'âme, quand le corps déjà se détériore ?

ACTE NATUREL

Les médecins déclarent aujourd'hui que la mort est un « acte naturel ». Jadis, on pensait que c'était un « acte surnaturel » qui ouvrait l'accès à un autre monde.

DÉSINTÉRÊT

A divers moments de notre vie, nous avons espéré l'arrivée rapide de tel événement. Pendant la dernière guerre mondiale, chacun aspirait à la fin de l'occupation nazie. Plus tard, je me souviens que mon père, déjà fort âgé, souhaitait connaître le général de Gaulle, ce qu'il a pu faire grâce à l'obligeante amitié de G.P.

« Moi-même, me dit X., je m'étais fixé certains objectifs comme, je l'imagine, la plupart des gens. Ces objectifs sont souvent d'un caractère banal, familial, professionnel. Il y a d'autres rêves un peu plus exceptionnels dans la catégorie « Voir Bénarès ou la Chine ».

Or, voici que soudain, mystérieusement, un jour, détachés de l'intérêt de notre existence, nous nous réveillons résignés, ne tenant plus à aucune réalisation de notre vivant. Tout ce que nous attendions avec impatience nous est devenu indifférent. Nous acceptons de ne pas voir s'achever la restauration d'une demeure, ni s'accomplir quelque ambition littéraire ou autre, et nous demeurons stupéfaits qu'un tel désintérêt soit le nôtre. L'abandon des choses de ce monde serait-il plus facile qu'on ne pense ?

L'épicurien soupire : « Voir Naples et mourir. » La sainte s'exclame : « Mourir et voir Dieu. »

CHOSES DÉSAGRÉABLES

Il nous arrive chaque jour quelque chose de désagréable dont nous avons à peine conscience sur le moment, qui nous revient à l'esprit et nous tourmente le soir. Mais le lendemain nous n'y pensons plus.

UN SAGE

X. avait de grandes qualités d'esprit. Le sort l'avait favorisé et l'envie se déchaînait contre une action politique intéressante qu'il avait entreprise, mais qui gênait certains partisans et les rendait agressifs. J'ignore par quels moyens il mit fin à cette misérable campagne, mais, en général, quand il s'agissait de propos discourtois, il les ignorait. « Je préfère ne pas savoir ce qu'on dit de moi », me déclarait cet homme indépendant.

Ce n'est pas l'approche de la mort qui nous attriste, mais le grand âge et ses inconvénients.

INCONCEVABLE

Cet écrivain déjà bien âgé et convoitant encore les honneurs, n'est-il pas ridicule ? Est-ce convenable, si près de sa fin, de vouloir telle distinction, l'entrée dans une académie ? Mais non, c'est parce que la mort est proche qu'il veut se la cacher par ces ultimes joies de la vie, inventées précisément dans ce dessein.

L'homme, au long des siècles, s'est-il agrandi et apaisé en ajoutant à son être fait de chair et de sang ses inventions et découvertes mécaniques, ou bien est-il le même, toujours inquiet de l'infini, avide d'absolu, et appelant dans les périls l'assistance du *Ciel* ?

ORDINATEUR

Tout sera organisé sur ordinateur au Japon en l'an 2 000 et les informations de toutes sortes parviendront à la maison : banques, publicité, prix des denrées alimentaires, etc. On n'aura plus besoin de se déplacer. Quand la ménagère ira-t-elle faire ses commissions et se promener ? Ce sera vraiment l'ère de la femme au foyer... Bien mieux, ou pis, les enfants n'auront plus besoin d'aller à l'école. De leur chambre, ils communiqueront leurs devoirs par l'ordinateur à leurs maîtres qui, de la même façon,

après les avoir corrigés, les leur renver-
ront à domicile. *Quid* des courses
joyeuses, de l'école buissonnière, lorsque viendra sans retour l'époque de l'in-
formatique ?

La nature, le développement de ses
multiples espèces, semblent programmés
par un ordinateur géant. Mais, à la diffé-
rence de ceux que nous construisons,
c'est un ordinateur *pensant.*

Singulier sentiment à un certain âge
— tel événement important étant arrivé,
telle journée si attendue étant déjà passée, évanouie — de croire que les
choses sont encore devant nous et en
conséquence, s'apercevant de notre erreur, d'éprouver déception et tristesse.
Nous arrivera-t-il encore quelque joie
aussi complète, ou est-ce la dernière fois
que nous sommes sur le pavois ?

L'AVENIR EST PASSÉ

Notre esprit prévoit nos actes, souvent dans leur plus infime détail. Ils s'accomplissent ensuite, semblables à notre prévision ou différents, et nous comparons alors — c'est un de nos plaisirs les plus étranges lors de la fuite du temps — ce que nous avons prévu, rêvé et ce qui est arrivé réellement, ce que nous avons fait, comment nous avons agi. Mais tout est déjà passé, évanoui et cependant indestructible, ineffaçable.

Marie se réveilla à 15 h 30 et se sentit triste, déprimée comme autrefois lorsqu'elle avait dormi l'après-midi et pensait avoir perdu son temps. Mais à présent que tous ses actes étaient soigneusement prévus, organisés, minutés, ce n'était guère le cas. Marie disposait même de trop de temps pour ce qu'elle avait à faire. Alors, pourquoi ce *taedium vitae* ? Était-ce son âme de jeune femme qui revenait, souffrait en elle ?

PORTRAITS DE LOUVOIS

(1641-1691)

Les détenteurs du pouvoir dont le nom s'est inscrit dans l'histoire ont ceci de particulier que leur personnalité ne semble jamais exactement connue. Ainsi voyons-nous périodiquement jugés à nouveau Napoléon ou Louis XIV[1]. Pour mieux comprendre ceux-ci, on étudie leur entourage, on mesure l'influence de leurs collaborateurs. Simultanément, ces collaborateurs sont l'objet de notre curiosité. Louvois, ministre de la Guerre

---

1. A l'étranger, des historiens (Ragnhild Hatton en Angleterre, Werner Gembruch en Allemagne) ont révisé les jugements sévères portés sur la politique de Louis XIV et du même coup sur les acteurs de son règne, dont Louvois (A. Corvisier, *Louvois*, Ed. Fayard).

du Roi-Soleil, tentera donc naturellement les chercheurs. Quelle fut son action réelle ? Quel était son vrai caractère ? Que nous apprend son visage ?

La belle médaille modelée récemment
par Isabel de Selva, peintre et médailliste, nous incite encore une fois à rêver
devant ce profil dur, que surmonte
l'abondante perruque bouclée. La
bouche est sévère, le menton lourd,
mais l'œil vif sous les sourcils nettement
dessinés...

Pour nous éclairer sur le grand commis du plus grand de nos rois, évoquons
pour commencer les écrits anciens —
cruels — qui lui ont été consacrés.

Haï et sous-estimé par Saint-Simon
qui ne lui trouvait pas « l'étendue, la
force et la compétence pour être à la tête
des affaires », critiqué par Voltaire et Lavisse qui le traite d' « homme méchant »
et l'oppose au pacifique (?) Colbert (réformateur des finances et de la justice,
instigateur du développement de l'industrie), Louvois, l'ordonnateur des

malheurs du Palatinat et des dragonnades, accusé (à tort) d'avoir participé à la révocation de l'édit de Nantes, fut-il ce « violent » qui n'aimait que la guerre ? Pour atténuer ces opinions, nous disposions jusqu'à présent des deux intéressantes biographies plus ou moins élogieuses de Camille Rousset [1] et de Jacques Roujon [2].

Le professeur André Corvisier vient d'y ajouter une très importante et magnifique étude (avec des documents inédits) où il se montre soucieux de « restaurer la mémoire » de celui qui fut indiscutablement le créateur de l'armée moderne, mais également un remarquable surintendant des bâtiments, arts et manufactures (et aussi des postes). Cet ouvrage magistral nous fournit maintes preuves de l'incessant travail et du talent qui justifient l'ascension de la famille de Louvois.

1. *Histoire de Louvois* (1861-1864).
2. *Louvois et son maître* (Grasset, 1933).

Le marquis de Louvois[1], qui ne craignait pas de faire allusion à sa « basse naissance », appartenait au clan Le Tellier qui de la « marchandise » parvint à la « robe » et aux grandes affaires du royaume. Lui-même devint fort riche. Il possédait — dit-on — sept châteaux : Ancy-le-Franc, Meudon, Choisy, Louvois et Montmirail. Cette demeure, la dernière acquise[2], et où il reçut par deux fois Louis XIV, contient de nombreux portraits de famille.

D'abord celui du chancelier Michel (1603-1685), père de notre héros, peint par Philippe de Champaigne. Peinture sévère dans le style janséniste (il l'était lui-même), visage incolore, un peu

1. En 1656, Michel Le Tellier, qui bénéficia de la faveur d'Anne d'Autriche en dépit de l'inimitié de Mazarin, avait acheté le marquisat de Louvois.
2. La terre de Montmirail fut cédée en 1678 à Louvois par sa veuve après la mort du duc de La Trémoille. C'étaient les parents de Marie-Anne de La Trémoille qui devait devenir la célèbre princesse des Ursins.

jaune, habit sombre drapant le corps assis devant l'écritoire — plume d'oie et
petit pot d'encre — d'où tant de savants
rapports, de *minutes*, sont sortis. Puis
voici Elisabeth Turpin, sa femme, en
longue robe rouge, leur fils Louvois
avec une chevelure très noire, et sous le
cou une sorte de rabat en dentelle, réplique d'un tableau du musée de Reims,
peut-être exécuté par Rigaud.

Dans une autre pièce, le charmant
marquis de Courtanvaux[1] (assez mauvais sujet), vêtu d'une brillante cuirasse
serrée par une large ceinture de soie
rose. Courtanvaux avait épousé Marie-
Catherine d'Estrées, fille du maréchal
d'Estrées, grand maître de l'artillerie,
dont l'image en uniforme bleu domine
la cheminée de la bibliothèque. Enfin,
dans le vestibule, sur une grande toile
de Cotelle, apparaissent quatorze mem-

1. Louvois avait quatre fils : Courtanvaux, Souvré, Barbezieux, l'abbé de Louvois et deux filles mariées au duc de La Rochefoucauld et au duc de Villeroi.

bres de la famille — dont Anne de Sou-vré, femme de Louvois — installés sur des fauteuils de salon en plein air, de-vant le château de Choisy. Ce château appartenait au Dauphin qui l'échangea contre celui de Meudon. Madame de Louvois, après la mort de son mari, quitta Montmirail pour y finir ses jours.

Louvois, assez attaché à Montmirail qui avait appartenu aux Gondi, où le fu-tur cardinal de Retz était né, transforma le château Louis XIII et demanda à Le Nôtre de dessiner des jardins « à la fran-çaise » face à la vallée du Petit-Morin. Trois terrasses vers la vue, trois autres, avec un quinconce, vers le parc boisé. L'ensemble, tel que le restituent des gra-vures d'Israël Sylvestre, était assez réussi. Cependant, lorsque Louis XIV se rendant en Franche-Comté s'arrêta chez son ministre, celui-ci entendit déplorer — dit la tradition — l'absence d'eaux (ces eaux qui faisaient la beauté des par-terres de Versailles). A son retour, trois semaines plus tard, le roi trouva bassins et jets d'eau ! Son hôte avait fait capter une source à quatre kilomètres de là, à Fontaine-Essart, pour donner à son maître un spectacle conforme à ses désirs et digne de lui.

La visite royale témoigne de la bienveillance du souverain. Les rapports ne furent pas toujours aussi bons, on le sait. Le caractère de Louvois était difficile [1], le roi n'aimait pas être contredit. Peu à peu les deux personnalités s'affrontèrent, les querelles furent vives, on parla de la Bastille, et les courtisans pouvaient mesurer le déclin de la faveur du ministre.

Ajoutons qu'il y avait dans le jeu — hostile à coup sûr — Madame de Maintenon. Et cependant sur ce sujet, il y a lieu de faire quelques observations...

1. Le tempérament de Louvois est resté, semble-t-il, longtemps mal connu. « Ce sanguin, sensible et brutal », Corvisier le découvre « fragile, anxieux... » (Pierre Chaunu).

Louvois et Madame de Maintenon se détestent cordialement. Il a tenté de dissuader Louis XIV d'épouser l'ancienne gouvernante des enfants légitimés de Madame de Montespan. Il assiste pourtant à son mariage avec le roi dont il est le seul témoin, mais il le suppliera « pour sa gloire » de le garder secret. Quand le chirurgien (Félix) opère Louis XIV de sa fistule et que le roi souffre mort et passion avec un courage incroyable, Madame de Maintenon et Louvois sont seuls présents.

Enfin « elle » assiste au conseil des ministres dont Louvois évidemment est le principal participant. Lorsque Louvois quittera ce monde en une demi-heure, entre des médecins impuissants et deux prêtres ayant eu à peine le temps d'arriver, sans ses proches, Madame de Maintenon parlera de « son horrible mort ».

Nous n'étudierons pas ici le rôle que joua Louvois dans les guerres où il poussa — dit-on — Louis XIV (mais celui-ci n'y trouvait-il pas un certain plaisir ? Voulant en dissuader le futur Louis XV, le vieux roi avouait à son arrière-petit-fils, peu de temps avant sa mort : « J'ai trop aimé la guerre[1] ! »).

Disons seulement que la modernisation de l'armée, son importance finale (300 000 hommes) mettaient en application l'adage latin *Si vis pacem, para bellum*. Louvois se préoccupait de la défense de la France et créa, avec Vauban, la « Ceinture de fer » qui protégea longtemps notre frontière.

André Corvisier souligne, d'autre part, le rôle du surintendant des bâtiments, assez négligé par ses précédents

---

1. Quatre guerres illustrent le règne de Louis XIV : guerre de Dévolution (1667-1668), guerre de Hollande (1672-1678), guerre de la Ligue d'Augsbourg (1688-1697), guerre de la Succession d'Espagne (1701-1714).

biographes. Pour le tenir honorablement, il sut bien s'entourer. François Girardon — qui sculpta son buste (on en voit une copie[1] notamment à la bibliothèque Sainte-Geneviève et au musée de l'Armée), l'architecte Mansart, le paysagiste Le Nôtre furent ses conseillers. N'oublions pas son goût pour les belles résidences. C'est lui qui concevra le projet de l'hôtel des Invalides, construit par Bruant, mais il n'y attachera pas son nom. Déjà il éprouve une certaine disgrâce de la part du roi — et devra se contenter d'un stratagème pour marquer sa présence en ce prestigieux édifice. A la troisième mansarde, en effet, à gauche de la façade, se trouve un *loup* surmontant une lucarne! Le *loup voit*. C'est peu pour le surintendant des bâtiments, des arts et manufactures...

Il devait cependant être inhumé à l'hôtel des Invalides et son corps y de-

---

1. L'original a été coulé en mer, pendant la guerre de 14-18.

meura jusqu'à son transfert en 1699 à l'église des Capucins, proche de la place Vendôme, puis à l'hôpital de Tonnerre auprès de la marquise de Louvois morte en 1715.

16 juillet 1691.

On ne peut relire sans émotion le récit de la dernière journée de Louvois. Vingt-trois lettres écrites le matin, conseil en tête à tête avec le roi, dont il sent toujours que le menace la disgrâce (il vient de se quereller avec son maître). Malaise. Louvois s'excuse, regagne sa chambre par la longue galerie tandis que le soutient Chavigny, un de ses gentilshommes. A peine arrivé, son malaise s'accroît, « il croit que son ventre va s'ouvrir », a raconté le médecin. Les fils Barbezieux, Souvré, Courtanvaux sont absents. On ne parle pas des filles, les duchesses de La Rochefoucauld et de Villeroi.

Louvois meurt-il empoisonné ? La

Princesse Palatine, mère du futur Régent, l'a écrit. Le médecin Séron qui l'a assisté s'en est accusé à son heure dernière. Quoi de vrai en tout cela ?

Averti de la fin de son surintendant, le roi se promène, seul et songeur, devant son logement, le long de la balustrade de l'Orangerie. Saint-Simon, curieux, suivant le souverain dans sa promenade, écrit : « Il me parut avec sa majesté accoutumée, mais avec je ne sais quoi de leste et de délivré. » Louis XIV dira tout à l'heure à l'officier anglais qui lui apporte les condoléances de Jacques II : « J'ai perdu un bon ministre. »

Mort, Louvois bénéficie — avec son père — d'une remarquable épitaphe sur son mausolée érigé à Tonnerre. Détachons-en quelques lignes qui retracent une carrière si bien remplie :

« Avant sa vingtième année, Louis le Grand lui donna la survivance de sa charge de secrétaire d'État avec le Département de la Guerre, dont pour lors le chancelier Le Tellier son père était pourvu ; l'exemple et les instructions de ce grand homme le rendirent bientôt capable d'exercer cette place importante au gré du roi ; avec un génie également étendu, prudent et solide, il embrassa en peu de temps tout ce que renferme la science difficile de la guerre et le vaste détail des troupes. A peine avait-il atteint la trentième année de son âge que, devenu capable des plus grandes affaires, il fut appelé par Sa Majesté dans ses conseils les plus secrets et honoré de sa confiance. Appliqué, vigilant, infatigable, prêt en toutes les occasions et saisons à exécuter les ordres du roi dans les entreprises les plus difficiles que lui confiât Sa Majesté, juste et heureux dans ses mesures, il servit son maître avec une ardeur toujours nouvelle, jusqu'à la fin de sa vie... »

C'est peut-être ce portrait exemplaire que nous adopterons aujourd'hui...

Mais en France, où tout finit par des chansons, ce sont les quatre vers fredonnés après la disparition du terrible ministre qui résument exactement l'impression qu'il laissa à l'époque :

Ici gît sous qui tout pliait
Et qui de tout avait connaissance
parfaite,
Louvois que personne n'aimait
Et que tout le monde regrette.

Le Club français de la Médaille,
Bulletin n° 81 (1983).

TABLE